高职生
职业生涯规划

GAOZHISHENG
ZHIYE SHENGYA GUIHUA

主　编　朱栋国　李　盟　杨忠祥
副主编　张　洋　谢录异　刘怡然　周　政
主　审　张立明

重庆大学出版社

内容提要

本书主要针对新入校的大一高职生编写,主要介绍了职业生涯规划的基础知识、学业生涯规划、职业自我认知、职业兴趣探索、职业生涯决策、职业生涯规划、职业生涯管理和终身学习等,使高职生在充分探索自我、了解职业的基础上,厘清自我认知、职业认知的思路,对学业和职业进行科学合理的规划,为自己今后的职业发展奠定良好的基础。本书力求结合高职生的学习习惯,打破传统的以概念导入的学科式教学方法,通过大量案例,从高职生在职业规划上面临的问题和任务入手,深入浅出,让高职生通过对本书的学习掌握职业生涯规划的基本路径与方法,从而引导他们进行自我管理、自我规划,为顺利完成学业学习和技能培养、养成职业生活意识奠定基础。

图书在版编目(CIP)数据

高职生职业生涯规划 / 朱栋国,李盟,杨忠祥主编.

重庆:重庆大学出版社,2024. 6. -- ISBN 978-7-5689-4518-9

Ⅰ. G717.38

中国国家版本馆 CIP 数据核字第 2024DY5738 号

高职生职业生涯规划

主　编　朱栋国　李　盟　杨忠祥
副主编　张　洋　谢录异　刘怡然　周　政
主　审　张立明
策划编辑:龙沛瑶
责任编辑:黄菊香　　版式设计:龙沛瑶
责任校对:王　倩　　责任印制:张　策

*

重庆大学出版社出版发行
出版人:陈晓阳
社址:重庆市沙坪坝区大学城西路 21 号
邮编:401331
电话:(023)88617190　88617185(中小学)
传真:(023)88617186　88617166
网址:http://www.cqup.com.cn
邮箱:fxk@ cqup.com.cn(营销中心)
全国新华书店经销
重庆升光电力印务有限公司印刷

*

开本:787mm×1092mm　1/16　印张:9.75　字数:234 千
2024 年 6 月第 1 版　2024 年 6 月第 1 次印刷
印数:1—4 000
ISBN 978-7-5689-4518-9　定价:42.00 元

前　言

当前,我国职业教育的发展取得了巨大成就,中高等职业教育快速发展,职业院校办学能力显著提高,产教结构、校企合作不断深入,行业企业参与不断加强,职业院校毕业生就业率日益提升,职业教育呈现出良好的发展势头。但是,面对日益激烈的国际竞争和经济发展方式转变的迫切要求,高素质技术技能人才的严重短缺仍是我国经济社会发展的瓶颈,知识技能不平等和收入分配不均是社会和谐稳定的威胁因素,职业教育仍然是我国教育体系中突出的薄弱环节。抓住当前的历史机遇,站在经济、社会和教育全局的高度,以战略眼光、先进理念和国际视野构建现代职业教育体系,对推进中国式现代化进程甚至实现中华民族伟大复兴具有重大战略意义。

《高职生职业生涯规划》一书主要针对新入校的大一高职生编写,主要介绍了职业生涯规划的基础知识、学业生涯规划、职业自我认知、职业兴趣探索、职业生涯决策、职业生涯规划、职业生涯管理和终身学习等,使高职生在充分探索自我、了解职业的基础上,厘清自我认知、职业认知的思路,对自己的学业和职业进行科学合理的规划,为自己今后的职业发展奠定良好的基础。本书力求结合高职生的学习习惯,打破传统的以概念导入的学科式教学方法,通过大量案例,从高职生在职业规划上面临的问题和任务入手,深入浅出,让高职生通过对本书的学习,掌握职业生涯规划的基本路径与方法,从而引导他们进行自我管理、自我规划,为顺利完成学业学习和技能培养、养成职业生活意识奠定基础。

本书由朱栋国、李盟、杨忠祥担任主编;张洋、谢录昇、刘怡然、周政担任副主编;张立明担任主审。模块一、模块二、模块三由朱栋国、李盟编写;模块四由杨忠祥编写;模块五、模块六由朱栋国、张洋编写;模块七由谢录昇、周政编写;模块八由杨忠祥、刘怡然编写。

对大一新生来说,从踏入大学校园的第一天起,就要树立良好的心态,认清就业形势,科学规划人生,刻苦历练本领,以便为将来顺利走向社会、找到满意的工作、实现人生理想打下坚实的基础。高职生做好人生规划首先要了解自己与客观的形势:一是正确认识自我,即认真客观地分析自己的兴趣特长、性格气质、能力水平等;二是正确分析形势,即先考虑自己的专业和理想的职业在社会上的需求量、竞争强度等,再进行决策和行动。

人生需要规划,只有规划了的人生才会绽放出更理性的光芒。帮助高职生了解职业规划的有关知识,以便他们结合个人实际设计出自我奋斗的人生目标,这正是笔者编写本书的初衷,也是对他们施以援手、帮困助难所能尽到的微薄之力。但愿本书能给高职生的人生之旅带来警策与启迪,能使各位高职生的学习生活和职业生涯变得丰富而精彩!

编者

2023 年 10 月

目录

CONTENTS

模块一

职业生涯唤醒——开启职业人生航程

学习目标

1. 了解职业生涯规划的含义。
2. 了解职业生涯规划的意义。
3. 了解职业生涯规划理论。
4. 了解职业生涯规划的原则。
5. 了解职业生涯规划的方法。

　　职业生涯是人一生中最重要的历程，是追求自我实现的重要人生阶段，对人生价值起着决定性作用。高职生处于职业生涯的成长期和探索期，高职教育是高职生进入职业生涯前的最后一个准备阶段。高职生在这个阶段将面临职业取向与生涯抉择等一系列问题，需要对自我的职业生涯发展做一个全方位的战略规划。

专题1·职业生涯规划启蒙

【故事与人生】

五条毛毛虫的故事

第一条毛毛虫

第一条毛毛虫,有一天它爬呀爬呀爬过山河,终于来到一棵苹果树下。它并不知道这是一棵苹果树,也不知树上结满了红红的苹果。当它看到同伴们往上爬时,不知所以地就跟着它们往上爬,没有目的,不知终点,更不知生为何求、死为何所。

它的结局呢? 也许找到了一个大苹果,幸福地过完一生,也可能在树叶中迷了路,颠沛流离糊涂地过一生。不过可以确定的是,大部分的毛毛虫都是这样活着的,不去烦恼什么是生命的意义,倒也轻松许多。

第二条毛毛虫

有一天,第二条毛毛虫也爬到了苹果树下。它知道这是一棵苹果树,也确定它的"虫生目标"就是找到一个大苹果。

问题是它并不知道大苹果会长在什么地方? 但它猜想:大苹果应该长在大枝叶上吧!于是它就慢慢地往上爬,遇到分枝时,就选择较粗的树枝继续爬。

当然在毛毛虫的社会中,也存在考试制度,如果有许多毛毛虫同时选择同一根分枝,可是要举行考试决定谁才有资格通过大树枝的。幸运的是,这条毛毛虫一路过关斩将,每次都能选上最好的树枝,最后它从一根名为"大学"的树枝上,找到了一个大苹果。

不过它发现这个大苹果并不是树上最大的,只能算是局部最大。因为在它上面还有一个更大的苹果,号称"老板",是由另一条毛毛虫爬过一根名为"创业"的树枝才找到的。令它泄气的是,这个"创业"是它当年不屑于爬的一根细小的树枝。

第三条毛毛虫

接着,第三条毛毛虫也来到了苹果树下。这条毛毛虫相当难得,小小年纪,却自己研制了一副望远镜,在还未开始爬时,就先利用望远镜搜寻一番,它找到了一个超大的苹果。同时,它发觉从下往上找路,会遇到很多分枝,有各种不同的爬法,若从上往下找路,却只有一种爬法。它很细心地从苹果的位置,由上往下反推至目前所处的位置,记下这条确定的路径。于是,它开始往上爬,当遇到分枝时,一点也不慌张,因为它知道该往哪条路走,不必跟着一大堆虫去挤破头。譬如说,如果它的目标是一个名叫"教授"的苹果,那么应该爬"升学"这条路;如果目标是"老板",那么应该爬"创业"的分枝。最后,这条毛毛虫"应该"会有一个很好的结局,因为它已具备了先觉的条件。但也许会有意外的结局出现,因为毛毛虫的爬行相当缓慢,从预订苹果到抵达时,需要一段时间。当它抵达时,也许苹果已被别的毛毛虫捷足先登了,也许苹果已熟透烂了……

第四条毛毛虫

第四条毛毛虫可不是一条普通的虫,同时具有先知先觉的能力。它不仅先觉——知道自己要何种苹果,更先知——知道未来苹果将如何成长。因此当它戴着那先觉的望远镜时,它的目标并不是一个大苹果,而是一朵含苞待放的苹果花。它计算着自己的行程,并估计当它抵达时,这朵花正好长成一个成熟的大苹果,而且它将是第一条大快朵颐的毛毛虫。果然,它得偿所愿,从此过着幸福快乐的日子。

第五条毛毛虫

毛毛虫的故事本应到此结束了,因为所有故事的结局都必须是正面且富有教育意义的,但仍有不少读者好奇:第五条毛毛虫到底怎么了?

其实它什么也没做,就在树下躺着纳凉,而一个个大苹果就从天而降在它的身边。因为树上有一大片树枝早就被它的家族占领了。他的爷爷、爸爸、哥哥们盘踞在某一树干上,禁止其他虫进入,当苹果成熟时,就一个个地丢给底下的子孙们捡食。

来自瑞文网:五条毛毛虫的故事,有修改

思考:

如果你是一条毛毛虫,那么你希望自己成为哪条毛毛虫呢? 为什么?

一、职业生涯规划的含义

(一)生涯的含义

生涯发展大师舒伯认为,生涯是生活里各种事态的演进方向和历程,它统合了人一生的各种职业和生活角色,由此表现出个人独特的自我发展形态,是一个人在一生中所扮演角色的整个过程。这些角色包括儿女、学生、休闲者、公民、工作者、配偶、家管人员、父母及退休者等,而这九个角色在四个主要场所,即家庭、小区、学校及工作场所中扮演。一个人在一生中所扮演的诸多角色,就如同一道彩虹同时具有许多色带。简单地说,生涯是指个人通过从事工作所创造出的一个有目的、延续一定时间的生活模式,或者说,生涯就是一个人终身的经历。这一模式由以下三个层面构成。

(1)时间。个人的年龄或生命的过程,又可细分为成长、试探、建立、维持、衰退等阶段。

(2)广度和范围。每个人一生扮演各种不同的角色,如小孩、学生、公民、家长、工作者、领导者等。

(3)深度:个人投入的程度。所以,生涯确定并阐述了个体所涉及的各种角色、所处的各种环境及在他们生活中所经历的各种有计划或非计划的事件,确定了生活里各种事态的连续演进方向,统合了人一生中依序发展的各种职业和生活角色。

(二)生涯的特点

生涯并不局限于个人的职业角色,尽管与职业相关,但比职业的内涵更丰富,涵盖了更长的时间,既包括就业前的活动,也包括工作后的生活。了解生涯的特性,有助于高职生认识生涯的本质,以便更合理地规划人生,从而在面对不同情境时都能坦然应对。

(1)独特性。每个人的生涯都不一样。就像世界上没有两片相同的树叶,人与人之间也不完全相同。因此,每个人的生涯发展都是独一无二的,是依据个人的人生理想,为了自我实现逐渐展开的一种生命历程。

(2)阶段性。生涯可以分为不同的阶段,每个阶段又可以分为若干个小阶段,每个阶段都有相应的目标和任务。

（3）发展性。生涯是人生发展的整个历程,贯穿人从生到死的过程,且在人生发展的不同阶段呈现不同的形态和特点,因此具有发展性,随着个人成长、经验积累、社会发展而变化。既然生涯是一个人一生中各种角色的统合,因此在生涯发展过程中,必定会在不断的角色扮演中寻找自我,发掘人生的意义与方向。

（4）全面性。生涯是一个人从生到死一生的事情,包括求学、就业、退休后的生活。生涯包含人生整体发展的各层面,一生中所规划的包罗万象,即一个人生涯规划所考虑的点、线、面极为广泛,几乎无所不包。

（5）主动性。生涯不等于生命,植物有生命,动物也有生命,却和人的生涯不同,人可以主动去探索、去追求、去规划。

（6）连续性。生涯是人一生中连续不断的发展过程,并概括了人一生中所拥有的各种职位和角色。

（7）方向性。生涯是一个人生活中各种事态连续发展演进的一个方向,是指引我们自己内心去往未来的一个路径。这个方向性是由个体的自我认知、兴趣、特质、能力等方面共同决定的。

（三）职业生涯

职业生涯是指一个人从职业学习开始到职业劳动结束这一生的职业工作经历过程。职业生涯规划简称"生涯规划",又称"职业生涯设计",是指个人与组织结合在一起,在对个人职业生涯的主客观条件进行测定、分析、总结的基础上,对自己的兴趣、爱好、能力、特点进行综合分析与权衡,并结合时代的特点,根据自己的职业倾向,确定其最佳的职业奋斗目标,并为实现这一目标做出行之有效的安排。

二、职业生涯规划的意义

【案例】

渔夫和商人的故事

一位美国商人坐在墨西哥海边一个小渔村的码头上,看到一个墨西哥渔夫划着一艘小船靠岸。小船上有好几尾大黄鳍金枪鱼,这位美国商人对墨西哥渔夫恭维了一番,问道:"要多少时间才能抓这么多鱼?"墨西哥渔夫说:"一会儿就抓到了。"美国商人再问:"你为什么不待久一点,多抓一些鱼?"

墨西哥渔夫不以为然:"这些鱼已经足够我一家人生活所需了。"

美国商人又问:"那么你一天剩下那么多时间都在干什么?"

墨西哥渔夫解释:"我每天睡到自然醒,出海抓几条鱼,回来后跟孩子们玩一玩,再和老婆睡个午觉,黄昏时到村子里喝点小酒,跟哥们儿玩玩吉他,我的日子过得充实又忙碌呢!"

美国商人帮他出主意,说道:"我是美国哈佛大学企业管理硕士,我倒是可以给你一个建议!你应该每天多花一些时间去抓鱼,到时候你就有钱买大一点的船。自然你就可以抓更多鱼,再买更多渔船,然后你就可以拥有一支渔船队。到时候你就不必将鱼卖给鱼贩,而是直接卖给加工厂。时机成熟后,你就可以自己开一家罐头工厂。如此你就可以控制整个生产、加工和销售流程。最后你可以离开这个小渔村,搬到墨西哥城,再搬到洛杉矶,最后到纽约,在那里经营不断扩充的企业。"

墨西哥渔夫问:"这又得花多少时间呢?"

美国商人回答:"十五年到二十年。"

墨西哥渔夫问:"然后呢?"

美国商人大笑着说:"然后你就可以在家当'皇帝'啦!时机一到,你就可以宣布股票上市,把公司股份卖给投资大众,到时候你就发财啦!"

墨西哥渔夫接着问:'然后呢?'

美国商人说:"到那时你就可以退休啦!你可以搬到海边的小渔村住。每天睡到自然醒,出海随便抓几条鱼,和孩子们玩一玩,再和老婆睡个午觉,黄昏时到村子里喝点小酒,跟哥们儿玩玩吉他。"

墨西哥渔夫疑惑地说:"我现在不就是这样了吗?"

来自九州故事公众号:渔夫和商人的故事

"如果说职业是无法逃避的选择,那么,职业生涯规划则是一种立足于现实、理想和梦想之上的管理艺术。"

（一）职业生涯规划能够帮助个人确定职业发展的目标和方向

职业生涯规划可以帮助个人进行自我全面的分析,从而认识自己,了解自己的特长和兴趣,评估自己的能力、优势和不足。在设计和规划过程中,高职生通过对客观环境的分析,可以明确职业发展的方向,正确选择职业目标,并运用适当的方法、采取有效的措施,克服职业生涯发展中的困难和障碍,使自己的才能得到充分发挥,从而获得事业上的成功,实现人生理想。随着社会的快速发展,高职生有了更广阔的舞台施展才华,追求事业成功的愿望更为迫切。然而机遇和挑战并存,面对社会的发展、竞争的残酷,毫无准备的人会感到茫然无措、惶恐不安,产生巨大的心理压力。因此,高职生只有在学习期间认真做好职业生涯规划,全面剖析自己,科学地确定自己职业发展的目标和方向,不断挖掘自己的潜能,才能正确把握自己的人生。

（二）职业生涯规划能够促使个人努力工作

任何工作和事业的成功都必须经过个人努力，生涯规划,一方面能让自己明确努力的目标,另一方面也能不断地督促自己树立一个明确的标靶,唯有目标明确才能奋勇直前。划内容的逐步实现,既增强了自己对目标的成就感,又进一步促使自己向新的目标前进。制订和实现职业生涯规划就好似一场比赛,随着时间的推移,一步一步地实现,自己的思想方式和工作方式又会不断地得到完善和发展。

（三）职业生涯规划有助于个人抓住工作的重点

制订职业生涯规划的重要作用就是有助于合理安排日常工作,可以评价工作的轻重缓急。没有职业生涯规划,我们易被日常事务缠绕,甚至会被日常琐碎的事务缠身,无法实现

人生目标。通过职业生涯规划,我们能够紧紧抓住工作重点,增加成功的可能性。有人说:"智慧就是懂得该忽视什么东西的艺术。"任何事情、任何项目都有其重点,如果不能把握重点,是难以成功的。正如两个人同时观察同一件事,有目标意识的人和无目标意识的人关注的点和角度是完全不同的,收获也相差甚远。一个人要想成就一番事业,必须树立明确的目标,抓住工作的重点,才会有意识地为重点工作狠下功夫,为工作的需要创造最有利的条件,从而取得成功。

(四)职业生涯规划能够更有效地发挥个人潜能

没有制订职业生涯规划的人,很容易陷于繁杂事务中。如果精力分散,就很难全神贯注地工作,也很难充分发挥自己的才能。职业生涯规划能够帮助我们集中精力,为实现自己的职业目标尽可能发挥个人潜能。并不是任何人在某些方面都具有得天独厚的天赋,唯有善于激发个人潜能,才会努力学习,从而使能力得到锻炼和提高。比如,在求学期间,并不是每一个高职生都在组织协调、科研发明等方面具有优势,但是相当一部分高职生在这些方面有很大的潜能。因此,一旦赋予这些高职生以工作任务和目标,调动他们内在的激情,他们都会通过努力地学习,充分激发其内在的潜能,最后将工作和学习完成得很好。历史上很多伟大的科学家、军事家等,在一开始也不是从事相关工作的,但是在客观环境要求和个人人生追求的鞭策下,经过刻苦努力,个人潜能得到开发,最后获得巨大成功。因此,职业生涯规划可以明确发展的目标和方向,再经过个人的努力,使潜能得到发挥,从而实现人生的价值。无论从事什么职业、从事什么工作,科学的职业生涯规划可以帮助一个人更好地实现职业目标,获得事业的成功,帮助一个平凡的人成长为一个出色的人才。

三、职业生涯规划的误区

(一)错把理想当目标

理想是人们追求结果的最终表现。职业目标更多地表现为某个具体的职位,如人事专员、人事主管、人力资源总监等,实现了职业目标就实现了职业理想。但很多高职生只着眼于职业理想,而不去实现各个阶段的职业目标,那么职业理想也就无从实现。在职业发展上,心有多大,舞台就有多大。只有把宏大的职业理想转化为无数的可实现目标,职业理想才会最终得以实现。

(二)错把手段当目的

把职业理想转化为职业目标后,要看有哪些手段可以实现职业目标。在这个过程中,如果把实现目标的手段作为做事的目的,那么在以达成目标为导向去选择不同的操作手段时,就可能过于关注手段本身,而忘记了选择这些手段是为了实现目标。

(三)错把途径当结果

实现职业目标有很多途径,这些途径是实现职业理想的道路。每条职业道路都是不同的职业因素的组合,这些职业道路虽然都可以实现职业理想,但在时间、时机、难易等方面有所区别。知道有多少条道路可以通达职业理想,这是知识,而可以选择一条捷径向职业理想奋进,这是智慧。

确定自己的职业理想,是在综合分析自己的情况下总结出不同的道路,再结合职业环境及可用资源等因素做出最优的职业道路选择。只有实现职业理想,才是需要的最终结果,只要这个最终结果没有实现，就不能懈怠。在对职业理想的追求上，虽说"条条大路通罗马"，但要找到一条最近的道路"去罗马"。

（四）错把行业当岗位

经常看到高职生的求职简历上这样写着，求职意向：建筑设计院、建筑施工单位、市政工程公司、与建筑相关的公司等，要求职的是建筑这个行业。求职者能做建筑行业的所有工作吗？根本不能。高职生把行业当作应聘岗位时，就暴露了高职生缺乏核心竞争力的问题。很多高职生在求职时抱着"广撒网、捞大鱼"的心态，以为这样会有更多机会，实则求职意向模糊不清，求职单位无法给他机会。

行业和岗位是不同的，行业是最大的国民经济因素，而岗位是高职生要效力的具体职位。高职生的就业是具体的岗位。也就是说，高职生在工作前要确定的是具体岗位。只要高职生掌握了具体岗位的工作内容，能胜任相应的工作，就可以解决就业问题。

（五）错把就业当择业

校园中广泛流行的"先就业后择业"口号，在很大程度上误导了高职生的职业观。每个人的职业生涯时间是有限的，不能把过多的时间花在选择职业上而耽误了在适合岗位上的奋斗时间。简单地说，如果把职业生涯的成功归纳为选择适合的职业和在职业上有所作为的话，那么这两个因素相加就是总的职业生涯时间。

（六）错把择业当专业

高职生就业时有一个误区，就是在选择职业时会拘泥于所学的专业。从专业相关性的角度来说，选择与专业较为相关的职业当然对职业前程有很大的支持和帮助，但问题是，高职生一开始选择的专业就不是按照自己的兴趣等内在适应性确定的，也就是说，高职生在大学期间所学专业很可能不是最适合本人的。如果初次选择是错误的，那就没有必要作第二次错误选择，否则就是错上加错。

职业理想所指的专业是日后要从事职业的知识，它可能是现在所学的专业，也可能是喜欢的专业等，总之，是能够实现职业理想的基本知识。当职业理想并不是所学专业时，就不必被其所约束。从职业理想的角度来说，所做的就是所愿的，所愿的就是所喜欢的。所谓的专业是否对口，只有在和职业理想相联系时才需要考虑，而非按所学专业的职业前途去选择要做的工作。

（七）错把专业当能力

高职生求职时，在简历的能力或特长栏中会将所学专业及所学课程写上，这是把所学专业当作了自身的一种能力。

其实，所学专业只是在高考时填报的志愿，其中蕴含着学生的追求和兴趣，但更多的可能是盲目和无奈。专业只是一种知识，一个社会分工的特定领域的系统集成的理论知识和方法，它不是能力。当然，理论的学习会有一些解决实际操作的方法，但这并不是专业的全部，而只是很小的一部分。能力，是解决实际问题的一种智慧，并不是说具备了很多专业知识就具备了解决实际问题的能力。比如，没有人比百科全书知道得更多，不能说人们看完了百科全书，就什么具体问题都能解决。

（八）错把知识当技能

这个误区在于高职生把掌握的英语、计算机理论水平当成了操作技能，或是混淆了两者的区别。

其实,高职生考取了英语 A、B 级和计算机一、二级证书,只能说明高职生在理论上达到了一些基本要求。企业招聘更注重的是高职生的实际技能,而不是其所获得的证书。这里强调的是,在简历中建议把相关级别的理论认证用实际的数字或事例进行说明,如可以把英语水平描述为翻译了一些外文文章,或是曾给外国游客当过导游等,把计算机水平换算为每分钟打字 80 个,可以操作并制作一些办公文档,这样更具说服力。高职生在应聘目标岗位时,不要把自己所学的理论知识当作岗位要求的操作技能。

【案例】

案例分析:张某是电子商务专业的学生,在找工作时较有针对性,他的求职方式是海量投放简历,也面试过很多企业,但是张某却始终不想真正进入任何一家企业工作,因为他没有进入工作的状态,没有动力,也认为没有好的工作机会。

张某曾经做过三个月网站的清闲的编辑工作,但是他认为自己想要找有挑战性的工作,想要与人打交道的工作,于是,他又想做销售。因此,他的目标就是进入国有企业,成为优秀的销售人员,但是在面试的道路上屡战屡败。当有人问他为何一定要到国有企业工作做销售时,他坦言,因为特别看重企业的文化,也因为没有太大的工作压力,也不急于立刻出成绩,可以对个人进行长期的培养。

综合上述案例进行分析,不难发现,张某对自己即将需要扮演的工作角色缺乏足够的认可,没有强烈的体验感觉,虽然他明确知道自己想要做销售,但是对销售的一些具体的要求,他没有具体的定位。另外,所谓定位也就是自我定位及环境定位的结合,做好求职定位,首先要了解自己的职业基础,这样才能有一个准确的定位。

只有每个人在求职过程中对自己有准确的定位,才能保证自己持续发展。那么在毕业求职时,高职生一定要先了解自己具备什么,客观评估自己,以免对职业发展道路产生影响。因此,高职生在求职时,要客观评价自己,对社会的需求有具体的了解和准确的定位,避免进入求职误区。

来自乐乐学教研网:经典职业规划案例,有修改

专题 2·职业生涯规划理论

西方职业生涯规划理论经过长期的发展,经历了从职业辅导理论到职业生涯规划理论,从侧重于人与职业匹配逐步转向关注以人的生命历程的事业生涯为核心的过程,形成了科学的咨询指导策略,并开发了诸多测评工具。

一、帕森斯的人职匹配理论

1909 年,美国波士顿大学教授帕森斯在《选择一个职业》中提出人与职业相匹配是职业选择的焦点的观点。他认为,每个个体都有独特的人格模式,每种人格模式的个体都有与之相应的职业类型。职业选择是指个体在了解、认识自我的主观条件和职业要求条件的前提

下,将个体的主观条件与职业要求相匹配。帕森斯提出的职业选择方法至今仍被人们广泛接受和采用。

（一）人职匹配理论步骤

①人员分析,评价个体的生理和心理特征。

②分析职业对人的职业素养要求并向求职者提供相关职业信息。

③人职匹配,即个体在充分了解自我的特点和职业要求的基础上,借助职业辅导的帮助,选择一个既适合自己特点又有可能获得的职业。

（二）人职匹配理论类型

1.因素匹配

因素匹配即需要专门技术或专业知识的职业与掌握这种技能或专业知识的择业者相匹配,或劳动条件较差的职业,需要有吃苦耐劳、体格健壮的劳动者与之匹配。

2.特质匹配

若具有敏感、易感、个性强、理想主义等人格特性者,宜从事审美性、自我情感表达的艺术创作类型的职业,如影视动画创作、艺术设计等。

人职匹配理论又称特质因素理论,是最早的职业辅导理论。特质因素理论强调个体特质与职业所需素质和技能(因素)间的协调与匹配。为了对个体特质进行深入细致的了解与掌握,特质因素理论十分重视人才测评作用。特质因素理论的职业辅导是以对人的特质测评为基本前提的,首先提出了在职业决策中进行人职匹配的思想。这一理论奠定了人才测评理论的基础,推动了人才测评在职业选拔与辅导中的运用和发展。

二、霍兰德的职业性向理论

美国心理学教授约翰·霍兰德认为,职业性向包括价值观、动机和需要等,是决定一个人职业选择的重要因素。基于对职业性向的测试研究,他提出了"个性-工作适应性"理论,并将个体的职业性向划分六种:现实型、研究型、艺术型、社会型、事业型和常规型。

（一）六种职业性向的内涵

1.现实型

现实型喜欢做使用工具、实物、机器或与物有关的工作;具有手工、机械、农业、电子方面的技能;爱好与建筑、维修有关的职业;脚踏实地,实事求是。

2.研究型

研究型喜欢各种与生物科学、物理科学有关的活动,具有极好的数学和科学研究能力;爱好科学或医学领域的职业;生性好奇,勤奋自立。

3.艺术型

艺术型喜欢不受常规约束、创造性的活动;具有语言、美术、音乐、戏剧、写作等方面的技能;爱好能发挥创造才能的职业;天资聪慧,创造性强,不拘小节,自由放任。

4.社会型

社会型喜欢参加咨询、培训、教学和各种理解、帮助他人的活动;具有与他人相处共事的能力;爱好教师、护士、律师一类的职业;乐于助人,友好热情。

5. 事业型

事业型喜欢领导与左右他人,具有领导能力、说服力及交往能力;爱好商业或与管理有关的职业;雄心勃勃,友好大方,精力充沛,信心十足。

6. 常规型

常规型喜欢做系统整理信息、资料一类的事情;具有办公室工作和数字方面的能力;爱好记录、整理文件、打字及复印、计算机操作等职业;尽职尽责,忠实可靠。

(二)霍兰德职业人格类型

霍兰德认为,在大多数人的社会实践活动中,并非只有一种性向(一个人的性向中很可能同时包含着多种性向,如同时包含社会性向、现实性向、研究性向等)。性向越相似,相容性越强,个体在选择职业时所面临的内在冲突和犹豫就越少。

根据霍兰德的理论,个体的职业兴趣可以影响其对职业的满意度。当个体所从事的职业和职业兴趣类型匹配时,其潜在能力可以得到彻底的发挥,工作业绩也更显著。在职业兴趣测试的帮助下,个体可以清晰地了解自己的职业兴趣类型和在职业选择中的主观倾向,从而在纷繁的职业机会中找到最适合自己的职业,避免其在职业选择中的盲目行为。尤其对高职生和缺乏职业经验的人来说,霍兰德的职业性向理论可以帮助他们做好职业选择和职业设计,成功进行职业调整,从整体上认识和发展自己的职业能力。

三、舒伯的职业生涯发展理论

舒伯是职业生涯规划辅导历史上继帕森斯之后的又一位里程碑式的人物。舒伯关于职业生涯的核心观点是自我概念。自我概念是我们对"我是谁"以及"我看起来像什么"的主观知觉,包括身体、社交、性格、感情、喜好、理智、职业、价值观和人生哲学等方面。他认为,职业选择的过程就是自我概念实现的过程。人有一种驱动力,不断地将理解到的真实的自己融入工作,在工作中实现自我。

舒伯依照年龄将每个人的人生阶段与职业发展相匹配,并将生涯发展阶段划分为成长阶段、探索阶段、建立阶段、维持阶段和衰退阶段。

(一)成长阶段(0~14岁)

这一阶段的主要任务是经由与家庭、学校中重要人物的认同而发展出自我概念。此阶段的一个重点是身体与心理的成长。个体通过经验可以了解周围环境,尤其是工作环境,并以此为试探选择的依据。成长阶段的三个子阶段如下。

1. 幻想(0~10岁)

以需求为主,角色扮演在此阶段很重要。

2. 兴趣(11~12岁)

喜欢是抱负与所从事活动的主因。

3. 能力(13~14岁)

能力占的比重较大,也会考虑工作要求的条件。

(二)探索阶段(15~24岁)

这一阶段的主要任务有自我概念与职业概念的形成、自我检视、角色尝试、学校中的职业探索、休闲活动与兼职工作。探索阶段的三个子阶段如下。

1. 试探（15～17岁）

会考虑自己的需求、兴趣、能力、价值与机会，会通过幻想、讨论、课程、工作等尝试做试探性选择。此时的选择会缩小范围，因为仍对自己的能力、未来的学习与就业机会不很确定，所以现在的部分选择以后并不会采用。

2. 过渡（18～21岁）

更加考虑现实的状况，并试图实施自我概念。

3. 尝试（21～24岁）

已确定了一个似乎比较适当的领域，找到一份入门工作后，尝试将它作为维持生活的工作。此阶段只选择可能提供重要机会的工作。

（三）建立阶段（25～44岁）

这一阶段的主要任务是凭借尝试阶段以确定前一阶段的职业选择与决定是否正确。若自觉选择与决定正确，就会努力经营，打算在此领域久留。但也有一些专业的领域，还未尝试就已开始了建立阶段。其子阶段如下。

1. 尝试（25～30岁）

原以为适合的工作，后来可能发现不太令人满意，于是会有一些改变。此阶段的尝试是定向后的尝试，不同于探索阶段的尝试。

2. 稳定（31～44岁）

当职业的形态明确后，便力图稳定，努力在工作中谋取一个安定的位置。

（四）维持阶段（45～64岁）

这一阶段的主要任务是守住这份工作，继续将它做好，并为退休做计划。

（五）衰退阶段（65岁至死亡）

这一阶段的主要任务是在生理与心理机能逐渐衰退时，工作活动将改变，必须发展出新的角色，先是变成选择性的参与者，然后成为完全的观察者。其子阶段如下。

1. 减速

工作速度变慢，工作责任或性质也改变，以适应逐渐衰退的生理与心理机能。许多人也会找一份代替全职的兼职工作。

2. 退休

有些人能很愉快地适应完全停止工作；有些人则适应困难，郁郁寡欢；有些人则老迈而死。

在上述舒伯的生涯发展阶段中，每一个阶段都有一些特定的发展任务需要完成，每一阶段都需达到一定的发展水平或成就水准，而且前一阶段发展任务的达成与否关系到后一阶段的发展。

1976—1979年，舒伯进行了为期四年的跨文化研究之后，提出了一个更广泛的新概念——生活广度、生活空间的生涯发展观。他将生涯发展阶段与角色彼此间交互影响的状况描绘出一个多重角色生涯发展的综合图形。舒伯将这个生活广度、生活空间的生涯发展图形命名为生涯彩虹图。生涯彩虹图形象地展现了生涯发展的时空关系,更好地诠释了生涯的定义。每个人的生涯彩虹图都是不同的,我们从生涯彩虹图中可以看到不同的生涯规划(图 1-1)。

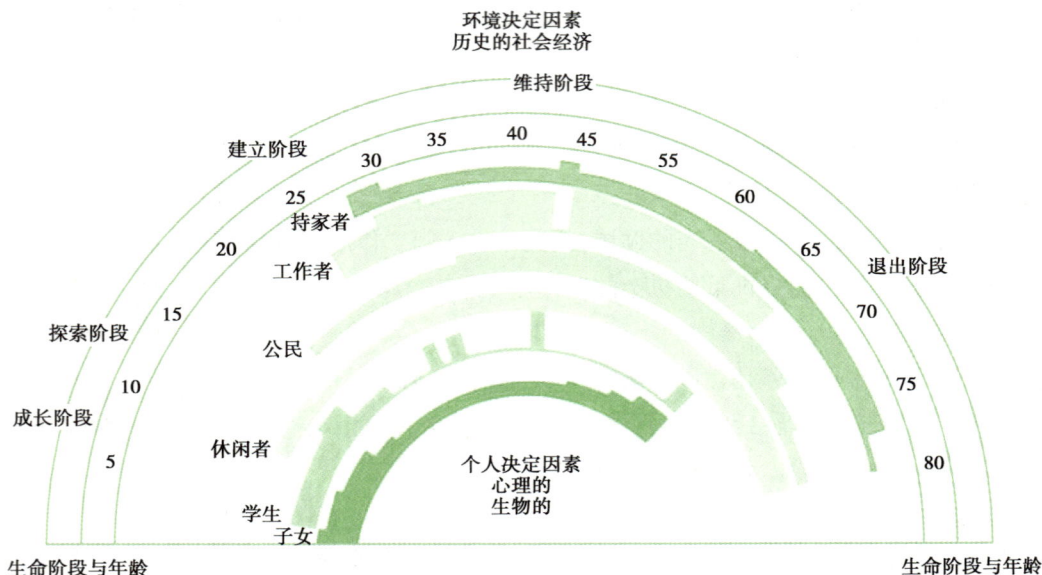

图 1-1　生涯彩虹图

四、格林豪斯的职业生涯发展理论

美国心理学博士格林豪斯的研究则侧重于不同年龄段职业生涯面临的主要任务,并以此为依据将职业生涯划分为五个阶段:职业准备阶段、进入组织阶段、职业生涯初期、职业生涯中期和职业生涯后期。

(一)职业准备阶段

职业准备阶段的典型年龄为 0~18 岁。主要任务:发展职业想象力,对职业进行评估和选择,接受必需的职业教育。

(二)进入组织阶段

18~25 岁为进入组织阶段。主要任务:在一个理想的组织中获得一份工作,在获取足量信息的基础上,尽量选择一种合适的、较为满意的职业。

(三)职业生涯初期

该阶段的典型年龄为 25~40 岁。主要任务:学习职业技术,提高工作能力;了解和学习组织纪律和规范,逐步适应职业工作;适应和融入组织,为未来的职业成功做好准备。

(四)职业生涯中期

40~55 岁是职业生涯中期阶段。主要任务:需要对早期职业生涯进行重新评估,强化或改变自己的职业理想;选定职业,努力工作,有所成就。

(五)职业生涯后期

从 55 岁至退休为职业生涯后期,继续保持已有职业成就,维护尊严,准备隐退,是这一阶段的主要任务。

个体根据对自己的认识和对职业的了解,合理设计职业生涯,选择适合自己的职业。个体根据发展目标,规划发展阶段中的具体目标和任务,预测可能出现的问题并提出解决办法,定期检查目标实现情况,及时解决所遇到的问题,这样才能保证对自己所选择职业的满意度。

五、施恩的职业生涯发展理论

美国麻省理工学院斯隆管理学院教授、著名职业生涯管理学家施恩立足于人生不同年龄面临的问题和职业工作的主要任务,将职业生涯分为九个阶段:成长、幻想、探索阶段;进入工作世界;基础培训;早期职业的正式成员资格;职业中期;职业中期危险阶段;职业后期;衰退和离职阶段;离开组织或职业直到退休。

专题 3 · 职业生涯规划原则

职业生涯规划的过程包括职业选择的过程。因此,在介绍职业生涯规划原则时,有必要先介绍职业选择的原则。

一、职业选择的原则

职业选择的原则可以概括为 16 个字:择己所爱,择己所长,择世所需,择己所利。

（一）择己所爱

调查表明:兴趣与成功的概率有着明显的正相关性。高职生在设计自己的职业生涯时,一定要考虑自己的兴趣,择己所爱,选择自己喜欢的职业。俗话说,兴趣是最好的老师。从事自己喜欢的工作,工作本身就能给你一种满足感和成就感,你的职业生涯也会从此变得妙趣横生。兴趣不仅是最好的老师,也是前进的动力和成功的基石。

（二）择己所长

不同的职业对从业者的要求不同。任何职业都要求从业者掌握一定的技能,具备一定的能力,而一个人一生中不能将所有的技能都全部掌握,所以必须在进行职业选择时择己所长,从事有利于发挥自己特长的职业。国际贸易中有一个著名的比较优势原理,现举例说明。假定工厂 A 投入一个劳动力,分别可以生产10 双鞋或者30 个电子产品,而工厂 B 投入一个劳动力,能分别生产5 双鞋或者8 个电子产品。从表面上看,工厂 B 生产鞋和电子产品的效率都没有工厂 A 高。但从机会成本看,工厂 A 生产一双鞋的机会成本是3 个电子产品,而工厂 B 则只是8/5 个电子产品。于是工厂 A 就会想,能不能不生产鞋只生产电子产品,而让工厂 B 生产鞋。这就是工厂 A 决定生产电子产品,从而实现利益最大化的原因。

比较优势原理说明的是,任何一个国家,即使在每种产品的生产上都有绝对优势,也不应每样都生产,而应选择具有相对优势的产品进行生产。同样,一个人即使擅长很多工作,也不可能从事自己擅长的各种工作。这时需要了解周围的人群,研究别人的优劣势,选择自己最擅长而多数人感到棘手的职业。

（三）择世所需

社会在不断地发展变化,社会的需求也在相应地发生改变。旧需求在不断消失,新需求在不断产生。如以前的磨刀、磨剪子、修锅盆的行业现在已经很少见,而逐渐兴起的心理咨询、职业规划、游戏开发等行业已经被很多人看好。我们并不是一定要从事这种新兴的行业,但在选择职业时,一定要分析社会需求,择世所需,否则很可能走入职业的死角,没有退路。

（四）择己所利

每个人都不得不承认,职业是谋生的手段,是获取个人幸福与快乐的重要途径。当寻找个人职业时,谋求个人幸福的生活成为人们的首要动机,这个动机支配着职业选择。每个人都渴望幸福,期望在自己的职业生涯中实现收益最大化。人们通过在职业领域的奋斗造福社会,社会则会回报人们由收入、地位、名誉和自我实现等调制的幸福美酒。明智的人大都会权衡利弊,协调好各种利害关系,以寻求人生的幸福,从社会角度和个人意向中取舍,在一个由收入、地位、名誉、权力等变量组成的函数中找到自己想要得到的最大值。这就是在选择职业时的收益最大化原则。

二、职业生涯规划的原则

（一）长期性原则

人的一生中,职业生涯是漫长的,要想走好职业生涯的每一步,就要在职业生涯规划时从长远考虑,不能只顾眼前利益。有时候为了眼前利益,往往会失去更多,不要因为一棵树而失去整片森林。

（二）可行性原则

制订职业生涯规划,一定要考虑自己和外界的实际情况,这样制订出的职业生涯规划才切实可行。职业生涯规划各阶段的路线划分、职业生涯目标和实现职业生涯目标的途径必须具体清晰、切实可行。这就要求个体在制订职业生涯规划时必须考虑自己的特质、社会环境、组织环境及其他相关的因素等。

（三）弹性原则

弹性原则,就是指制订的职业生涯规划要具有缓冲性,可以根据实际情况的变化相应地调整和变动。这里可调整的内容包括生涯规划的具体事项及目标、完成的时间等方面。

（四）清晰性原则

不管是自己的职业生涯目标的选定、职业生涯路线的选择,还是实现职业生涯目标的各种措施,都要具有一定的清晰性,这样的职业生涯规划才切实有用,成功率才会大大提升。

除上述原则之外,职业生涯规划的原则还有挑战性原则和一致性原则。挑战性原则,即制订的目标或措施要具有挑战性,能够挖掘自己的潜能。一致性原则,即总的大目标和小的分目标要一致,采取的措施和生涯的目标要一致,制订的目标与自己的实际情况要一致等。同时,制订的职业目标不能过高或太低:过高,就会好高骛远,可能跌得很惨;太低,则会埋没了自己的潜能和才干。

专题 4 · 职业生涯规划方法

当代高职生踏入社会前,先要对自己有基本的认识,再根据一定的方法为自己的未来描绘一幅美好的蓝图。高职生制订职业生涯规划的方法较多,主要介绍以下两种。

一、职业生涯规划"五步法"

"五步法"是职业生涯规划的一种简单易行的方法。"五步法"被许多成功人士应用,依托的是归零思考的模式。"五步法"共有五个问题,综合五个问题的回答,就可以设计出自己的职业规划。

Who are you?（你是谁?）

What do you want?（你想做什么?）

What can you do?（你会做什么?）

What can support you?（环境支持或允许你做什么?）

What can you be in the end?（你的职业与生活规划是什么?）

第一个问题"你是谁?"回答的要点是:面对自己,真实地想出每一个想到的答案,写完了再想想有没有遗漏,如果认为确实没有了,就按重要性进行排序。

第二个问题"你想做什么?"可将思绪回溯到孩童时代,从初次萌生第一个想干什么的念头开始,回忆自己随着年龄的增长真心向往的事,并一一地记录下来,写完后,如果认为没有遗漏了,就进行认真的排序。

第三个问题"你会做什么?"则把确实能证明自己的能力和自己还可以挖掘的潜能一一罗列出来,如果认为没有遗漏了,就可以进行认真的排序。

第四个问题"环境支持或允许你做什么?"则要考虑本单位、本市、本省、本国和其他国家,只要认为自己有可能借助的环境,都应在考虑范围内,在这些环境中,认真想想自己可能获得的支持或允许,然后按重要性排序。

如果能够成功回答第五个问题"你的职业与生活规划是什么?"你就有了最后的答案。具体做法是把前四张纸和第五张纸一字排开,然后认真比较第一张至第四张纸上的答案,将内容相同或相近的答案用一条横线连起来,你会得到几条连线,而不与其他连线相交的又处于最上面的线,就是你最应该去做的事情。你的职业生涯就应该以此为方向,并在此方向上以三年为单位,提出短期、中期与长期目标,再在短期目标中提出今年的目标,最后,将今年的目标分解为每季度目标、每月目标、每周目标、每天目标。这样,你每天睡前就可以对照自己的目标进行反省,总结当日成就与失误、经验与教训。

修正明天的目标与方法,第二天醒来后稍加温习就可以行动了。这样日积月累,就没有不能实现的职业规划。

【案例】

"五步法"应用实例

昭丽,某重点高校计算机专业学生,临近毕业,她对自己的职业难以选择。由于自己是女生,就业前景不如同班的男生,但她对教师职业比较喜欢。针对这种情况,我们不妨和她一起进行一次有关职业规划方面的认真思考,并通过对其职业前途的规划确定其就业方向。

第一个问题:我是谁?

某重点高校计算机专业毕业生;优秀学生干部,学业成绩优秀,英语六级;辅修过心理学、管理学;参加过高校演讲比赛,拿过名次;家庭状况一般,父母工作稳定,身体健康,暂时不需要有人特别照顾;自己身体健康;性格不内向,但也不是特别活跃,喜欢安静。

第二个问题:我想做什么?

首先,她很想成为一名教师,这不仅是她儿时的梦想,她也确实喜欢这个职业;其次,可以成为公司的一名技术人员;最后,如果出国读管理方面的硕士,回国成为一名企业管理人员也是可以接受的。

第三个问题:我会做什么?

做过家教,虽然不是自己的专业,但与孩子交流有天生的优势,当自己带的学生成绩进步时,很有成就感;当过学生干部,与老师和同学相处比较好,组织过几次有影响的大型活动;实习时,在公司做过一些开发,虽然没有大的成就,但得到了实习公司的认可。

第四个问题:环境支持或允许我做什么?

家里亲戚推荐去一家公司做技术开发;GRE 考得还可以,已经申请了国外几所高校,但能不能拿到奖学金还很难说,况且现在办签证比较困难;去年曾有几所学校来系里招聘教师,但不是当教师,而是要去学校做技术维护,今年不知会不会有学校再来招聘教师;有同学开了一家公司,希望自己能够加盟,但自己不了解这家公司的具体业务,也不知道它有多大的发展前途。

第五个问题:我的职业与生活规划是什么?

最后的选择可能有四种,分别如下:

一是到一所学校当教师。自己有这方面的兴趣和理想,在知识和能力方面并不欠缺,在素质教育大趋势下,与师范类专业相比,自己有专业方面的优势,授课时可以让学生了解更多的前沿知识,特别是现在计算机在中学生中有了相当的普及和基础,并且自己有信心成为学生心目中理想的好老师。不足的是缺乏作为一名教师的基本训练及一些技巧,但这可以逐步提高。

二是到公司做技术人员,虽然收入会高一些,但通过这几年的发展来看,这一行业起伏较大,同时由于技术发展较快,要随时对自己进行知识更新,压力较大,信心不足,兴趣也不是很大。

三是去同学的公司,放弃专业从最底层做起,风险较大,这与自己求稳的心理性格不符,同时也会有家庭的阻力。

四是如愿获得奖学金,出国读书,回国后做企业管理人员。不确定因素较多,且自己可把握性较小,始终处于被动状态。

分析:单纯从职业发展来看,这四种选择都有合理性,但就个体特征而言,第一种选择显然更符合她本人的职业取向。从心理学上看,选择第一种职业能使她得到最大的满足,且工作中也最容易投入,做出一定的成绩后也会有更大的成就感。从职业前途看。教师这个职业日益受到社会尊重,教师的社会地位也呈上升趋势。从性格上看,这个选择比较符合她的性格特点。但目前非师范生进入这个职业的门槛较高,如果她通过确定自己的最终实现目标,能够努力去弥补与师范生在职业技能方面的差距,那么她实现自己的职业理想也是可能的。

来自百度文库:第四节　职业选择的方法,有修改

二、职业生涯规划 SWOT 分析法

SWOT 分析法,即在职业生涯规划过程中通过对自己的 Strength(优势)、Weakness(劣势)、Opportunity(机会)和 Threat(威胁)进行分析,评估自己的技能、能力、价值观、兴趣爱好和职业机会等影响职业发展的主客观条件,明确自己的优点和缺点,明确自己感兴趣的不同职业道路的机会和威胁。一般来说,在进行 SWOT 分析时,应遵循以下四个步骤。

(一)优势分析

在自己的职业生涯设计中,如果能根据自身长处选择职业并"顺势而为"地将自己的优势发挥得淋漓尽致,就会事半功倍、如鱼得水。职业生涯设计的前提是知道自身优势,并将自己的生活、工作和事业发展都建立在优势之上。具体来说,就是要知道以下三个方面。

1.学了什么

在几年的学习生活中,自己从学校开设的课程中学到了哪些有价值的东西,社会实践活动提高了个人哪些方面的能力,增长哪些方面的知识。

2.曾经做过什么

在学校期间担任过哪些学生职务,参加过哪些社会实践活动,工作经验的积累程度如何等。这些可以从侧面反映出一个人的素质。在进行自我分析时,要善于利用过去的经验、成果推断未来的工作方向和机会。

3.最成功的是什么

自己做过的事情中最成功的是什么?是如何成功的?通过分析,可以发现自己的长处,如坚强的意志、创新的精神等,以此作为个人进行深层次挖掘的动力之源和魅力闪光点,形成职业生涯设计的有力支撑。

(二)劣势分析

指出自身的劣势和自己最不擅长做的事情,找到自己的短处,可以努力改正自己常犯的错误,提高自己的技能,放弃那些对自己不擅长的技能要求很高的职业。具体来说,就是要知道以下几个方面:

1.自身的弱点

人都有弱点,这是我们与生俱来且无法避免的。卡耐基说:"人性的弱点并不可怕,关键要有正确的认识,认真对待,尽量寻求弥补、克服的办法,使自我趋于完善。"

2.经验或经历中所欠缺的方面

欠缺经验或经历并不可怕,可怕的是自己还没有认识到或认识到了而一味地回避。正确的态度是认真对待,善于发现,努力弥补不足和提高自己的能力。

3. 最失败的是什么

你做过的事情中最失败的是什么？是如何失败的？通过分析，避免在以后的职业中再次失败，防止重蹈覆辙。

自我认识一定要全面、客观、深刻，绝不回避缺点和短处。"当局者迷，旁观者清"，尽量多参考父母、同学、朋友、师长、专业咨询机构等的意见，力争对自我有一个全面的认识。

（三）机会分析

环境为每个人提供了活动的空间、发展的条件和成功的机遇。特别是近年来，社会快速的变化、科技高速的发展、市场竞争的加剧都会对个人的发展带来很大的影响。在这种情况下，如果能很好地利用外部环境，就会有助于个人的成功。与此同时，高职生也面临各种各样的机遇，比如，经济快速发展为高职生提供了发展空间，网络技术的发展使高职生能了解更多的信息，择业的双向选择给了高职生自主选择权等，这些都是高职生面临的机遇。具体来说，就是要做到：一是对社会大环境的认识与分析。当前社会政治、经济、科技、文化发展趋势有利于所选择的职业发展吗？具体哪方面有利？二是对自己所选组织或单位的外部环境的分析。组织或单位在本行业中的地位与发展趋势如何？面对的市场怎样？有无职位空缺？需要具备哪些条件？

（四）威胁分析

除了机会，高职生也会面临各种各样的挑战和威胁。这是高职生无法控制的外部因素，但是可以减小它的影响。这些因素包括：就业还处于买方市场形势；所学专业过时或不符合社会的需要；来自同学的竞争；面对有更优的技能、更丰富的知识及更多实践经验的竞争者；公司不雇用某个专业的人；等等。

高职生对这些挑战不能采取一味回避的态度，也不能自怨自艾。高职生要改变自己，提高自己适应社会的能力，通过努力把挑战转化为一种内在动力。这样，高职生才能避免对己不利的影响，在困境中脱颖而出，寻求发展并取得成功。

需要注意的是，运用 SWOT 法进行职业生涯机会评估时，要尽可能地全面考虑，权衡各种发展机会，然后选出最优的发展机会。

【案例】

一位广告经理的 SWOT 分析

优势

1. 我很有创意，我经常以对品牌的独特分析视角给客户留下深刻的印象。

2. 我和我的客户及团队沟通得很好。

3. 我有能力提出关键问题，找到正确的营销角度。

4. 我完全致力于客户品牌的成功。

劣势

1. 我急切地想把各项工作从我的"待办事项"清单中删除，有时会影响我的工作质量。

2. 当我有太多任务时，我会感到压力很大。

3. 向客户介绍想法时,我会感到紧张,而这种对公开演讲的恐惧往往会使我的演讲失去激情。

机会

1. 我们的主要竞争对手之一以对待小客户服务差而出名。

2. 我计划下个月参加一个重要的营销会议,这个会议是一个很好与同行交流的研讨会。

3. 市场总监要离职了。她的离开对我来说是一个很好的工作扩大化或升职的机会。

威胁

1. 我的一个同事有更强的演讲能力,他会和我竞争市场总监职位。

2. 由于最近员工短缺,我经营工作过度,这对我的创造力有负面影响。

3. 目前的经济环境导致营销行业增长缓慢,许多公司已经裁员,而我们公司正在考虑进一步削减人员。

分析:作为进行这种分析的结果,这位广告经理选择提升自己的演讲能力,向公司争取市场总监的职位,并表示,他会和团队成员加强合作,发挥各自的长处,重视对小客户的服务,充分利用竞争对手的弱点。

来自百度文库:个人发展分析:SWOT,有修改

模块二

学业生涯规划——夯实职业生涯基础

学习目标	1. 确定属于自己的学业目标。
	2. 制订自己的学业规划。
	3. 学业规划的实施。
	4. 学业规划评价。

　　学业是大学生的立身之本。大学生的文化知识素质如何,将决定他毕业后求职择业时的自由度和取得职业岗位的层次。大学是就业准备教育,绝大多数大学生一毕业就将走向工作岗位。所以,大学新生应该为几年后的就业做好知识、能力、素质等全方位的准备,珍惜大学时光,紧抓学业不松手,为未来的就业、创业、成功立业开山铺路。子曰:"人无远虑,必有近忧。"大学生应尽快学会规划自己的学习生活,避免茫然无措、盲目跟随他人的低效行为。

专题1·确定学业目标

【故事与人生】

石匠的故事

有个人经过一个建筑工地,问工地上的石匠们在干什么? 三个石匠有三个不同的回答:

第一个石匠回答:"我在做养家糊口的事,混口饭吃。"

第二个石匠回答:"我在做整个国家最出色的石匠工作。"

第三个石匠回答:"我正在建造一座大教堂。"

来自百度文库:石匠的故事

分析:三个石匠的回答给出了三种不同的目标,第一个石匠说自己做石匠是为了养家糊口,这是短期目标导向的人,只考虑自己的生理需求,没有大的抱负;第二个石匠说自己做石匠是为了成为全国最出色的匠人,这是职能思维导向的人,做工作时只考虑本职工作,只考虑自己要成为什么样的人,很少考虑组织的要求;而第三个石匠的回答说出了目标的真谛,这是经营思维导向的人,这类人思考目标时会把自己的工作和组织的目标关联,从组织价值的角度看待自己的发展,这样的员工才会获得更大的发展。

一、确定目标的意义

(一)目标产生动力

动力反映的是一个人做事的态度,动力强说明其态度积极,动力弱说明其态度消极,而态度决定着一件事情的走向。周恩来总理从小就立志"为中华之崛起而读书",因此他为国家和民族奋斗了一辈子。目标就是动力的源泉,一旦确定目标,将给予人相应刺激,产生成功的渴望,也就是动力。没有目标就没有动力。

(二)目标决定方向

谚语有云,对一只盲目的船来说,所有方向的风都是逆风。无目标的努力,犹如在黑暗中远征。人生有很多十字路口,需要抉择,而可供人选择的路往往只有一条,向左还是向右,必须有选择的标准,这个标准就是目标。

在大学,学生的生活相对比较自由,选择也比中学多。人的精力、时间非常有限,高职生应该选择自己最适宜的路线,最高效地提升自己的能力水平。也就是说,高职生必须预先确定自己的目标。有的高职生目标不明确,一会儿学摄影,一会儿玩网游,一会儿要当老师,一会儿要做销售,不知道自己究竟要干什么,把大量的时间、精力耗费在一些无谓的事情上,直到毕业,都不知道自己学到了什么。

(三)目标让人坚持

人在奋斗途中难免遇到挫折,是选择坚持,还是就此放弃,决定了一个人能否成功。成功是什么? 成功就是完成自己的目标。没有目标就难以成功。因此,只有选择坚持才能取得成功,目标可以促进人更高水平地努力。

【案例】

游泳的故事

1952 年 7 月 4 日清晨,加利福尼亚海岸下起了浓雾。在海岸以西约 34 公里的卡塔林纳岛上,一个 43 岁的女人准备从太平洋游向加利福尼亚海岸,她叫费罗伦斯·查德威克。

那天早晨,雾很大,海水冻得她身体发麻,她几乎看不到护送她的船。时间 1 小时 1 小时地过去,千千万万的人在电视上看着。有几次,鲨鱼靠近她,都被人开枪吓跑了。15 小时之后,她既累,身体又冻得发麻。她知道自己不能再游了,就叫人拉她上船。她的母亲和教练在另一条船上。他们都告诉她离海岸很近了,叫她不要放弃。但她朝海岸望去,除了浓雾什么也没看到……

人们拉她上船的地点,离加利福尼亚海岸不足 1 公里!后来她说,令她半途而废的不是疲劳,也不是寒冷,而是因为她在浓雾中看不到目标。费罗伦斯小姐一生中就只有这一次没有坚持到底。

尽管当费罗伦斯再次努力时,当时的天气和第一次时一样寒冷且有雾,但她还是成功渡过了卡塔林纳海峡。与第一次不同的是在到达彼岸之前,她已经在头脑中形成了一种意象!而且,她坚信第二次一定能成功渡过,实际上她比男子纪录提前了两小时,这真是不可思议。

来自健坤启蒙:真的就差那么一点吗?有修改

分析:人应该有一个清晰的目标,在头脑中看得见、摸得着,只有这样,遇到困难时,你才能够坚持,不会被困难吓倒。

二、确定目标的方法

(一)确定目标

以自我认知、环境认知的结果为基础目标是一个人的行为导向,恰当的目标可以使人走向一条通往成功的高效之路,不恰当的目标则会让人多走弯路,甚至导致失败。如何制订一个恰当的目标,是高职生首先需要解决的问题。每个人的情况不同,适应的环境也不同,成功的道路千万条,适合自己的可能只有一条。因此,高职生应该做好自我认知、环境认知,以此为基础,脚踏实地地确定自己的目标。

确定目标要避免几种错误心理:一是盲目从众心理,别人怎么做,我就怎么做,不考虑自己的实际情况;二是好高骛远,想问题不切实际,只见口号,不见行动;三是不断更换自己的目标,一遇到困难,没有慎重考虑,马上就推翻自己制订的目标,重新确定新的目标。中国有句古话:常立志者不立志,意思是常常更换目标等于没有目标。

(二)运用 SMART 原则确定目标

SMART 原则是由著名的管理学之父彼得·德鲁克提出的,广泛地应用于企业的绩效目标管理中,该原则对于高职生确定目标同样适用。SMART 由五个英文单词的首字母组合而成,分别代表目标的五个特性。

S 代表 Specific,是目标的具体性,是指目标应转化成具体的事情。比如,护理生考取护士执业资格证就是一个具体的目标。

M 代表 Measurable,是目标的可衡量性,是指目标的量化指标,完成多少工作可认定为目标完成。比如,每天背 10 个单词,每天做 20 个俯卧撑,每天看 30 分钟新闻等。

A 代表 Attainable,是目标的可实现性,是指目标的适用范围,设定的目标要高,要有挑战性,但是,一定要是可达成的。目标过高或过低都是不适用的,目标过低会造成效率低下,目标过高则无法实现,无法实现的目标是没有意义的。如每天学习 20 个小时,或跑 100 千米就是一个无法实现的目标。

R 代表 Relevant,是目标的关联性,是指目标与现实环境的结合度,以及目标内部各指标之间、目标与行动计划的关联度。任何目标都应该与现实环境相结合,任何计划都应为目标服务。

T 代表 Time-bound,是目标的时限性,是指目标完成的时间范围。时间是目标的重要特性,却是最容易被许多目标制订者忽视的一点。一般来说,制订目标就是能在预定时间完成,错过了这个时间目标就无意义了。

衡量一个目标制订得是否完善,主要参考这五个指标:缺乏具体性,目标就会显得空泛,无从着手;缺乏可衡量性,则无法评判目标实施的进度是否达到合理的标准,从而影响目标的最终实现;没有可实现性,目标是盲目的,与空想无异,没有实际意义;少了关联性,目标完成就没有保障;忽视时限性,则让目标实施者缺乏紧迫感,丧失行为的动力,最终错失良机。

（三）运用 SWOT 分析法确定目标

SWOT 分析法又称为态势分析法,是一种能够较客观而准确地分析和研究一个单位和个体现实情况的方法。SWOT 分别代表优势（Strength）、劣势（Weakness）、机会（Opportunity）、威胁（Threat）。优势、劣势主要用来分析内部条件,机会、威胁主要用来分析外部条件。

用 SWOT 分析法确定目标,就是充分认识自己,了解自己的长处与短处,结合环境,扬长避短,找到最适合自己的方法。

（四）分阶段确定目标

任何目标都不是一蹴而就的,每一个大目标都由数个小目标组成,在不同的阶段,目标会呈现不同的特点,具体内容也因此而不同。按照不同的阶段确定相应的目标,是制订目标的一个基本原则。目标可分为长期目标、中期目标、短期目标,阶段性目标应该为总体目标服务。我们主张一个人要制订自己的人生目标,并不断坚持。我们也认为,为了实现自己的长期目标,要懂得迂回曲折,根据实际情况,合理分配资源,制订自己的阶段性目标。每个人都渴望成功,都需要成功的激励,成功可以让一个人满怀希望,激发更强烈的动力,小成功可以激发更大成功的渴望。高职生想要完成自己的大学目标,应学会制订一些阶段性小目标,用小目标的成功不断激励自己,让自己保持新鲜的感觉,昂扬斗志。现在很多高职生说在学校很茫然,生活平淡,学习没激情,对未来缺乏信心,就是因为他们缺乏小目标、小成功的激励。要知道,每一个大成功都是由小成功累积而成的。

三、确定毕业目标

就业是多数高职生的毕业选择,但不是高职生的唯一选择,有些高职生会根据自身实际情况安排一些其他出路。高职生的选择会影响其毕业目标的确定,而大学毕业目标与大学毕业去向有关,决定着高职生在校期间的学习计划。如何确定大学毕业目标?

（一）了解高职生的几种毕业去向

大致来说,高职生有三种毕业去向:就业、创业、专升本。就业可分为自主就业和政策性就业;创业有独立创业与合作创业两种形式;专升本包括全日制学习和自学两种方式。了解几种毕业去向后,高职生应及早做出选择,据此确定自己的大学毕业目标。

（二）确定毕业目标

1. 影响毕业后出路选择的因素

①个人的理想。每个人的理想不同,有些人希望有一份稳定的职业,有些人在乎实现自我价值,有些人愿意延伸自己的求学之路,有些人只希望获取财富,而有些人从小就有做军人的梦想。不同的理想,就有不同的选择。

②家庭经济条件。毕业选择是以经济为基础的,因为每个出路的选择都要承担一定的费用。对家庭经济条件宽裕的学生来说,选择的面可以广一些,而家庭经济条件一般的学生,尽早就业获取收益应是首选。

③个人能力。择己所长、择己所能是高职生毕业选择的一个基本原则,能做什么、擅长什么跟想做什么、要做什么是一个双向命题,如果能将它们有机地结合起来,成功的可能性将大大增加。

2. 确定毕业目标

①就业。大学毕业选择以就业为目标的,必须为就业做好相应的准备。自主就业的,应该明确自己的目标职业,努力学习,储备该职业所应具备的知识技能,取得职业准入资格,使自己能够胜任,并在大三的时候,搜寻相应的职业信息,顺利进入一家企业。考公务员的,需预先熟悉公务员考试内容(《行政综合能力测试》《申论》),做好技巧上、心理上的准备,认真准备考试。"三支一扶"是指高职生在毕业后到农村基层从事支农、支教、支医和扶贫工作,要考"三支一扶",需先了解相关政策,做好报名工作,准备考试。想要参军的同学,则要熟悉高职生参军的政策,了解高职生参军入伍的条件,准备报名、体检、入伍等工作。

②专升本。大学毕业选择专升本的,应该在大学期间做好以下事情:一是选择专升本的方式,如全日制或自学考试等,全日制的需在毕业前参加相关学校组织的考试(考试内容一般有计算机、英语、专业等),毕业后继续到录取学校就读;二是做好知识准备,认真学习相关内容;三是选择适合的学校;四是做好考试报名工作。

③创业。高职生毕业选择创业的,须明确自己创业的动机,分配好专业学习与业余学习的时间,提高自己的创业技能,做好市场调查,确定创业项目,并做好充足的心理准备。

专题2·制订学业规划

所谓目标牵引式学业规划的制订,是指学生在确立个人学业目标的基础上,在导师指导下,以实现学业目标所需的知识、技能、素质为依据,以学期(或学年)为周期,自行制订的个人成长规划,该规划统筹课内与课外,涵盖大学专业学习、政治修养、课外阅读、文体拓展、社会实践、科技创新、社团活动、技能培训等各个方面。学生在制订规划时,应充分考虑学业目标所需的知识、能力、经验和素质,并熟悉学校获取这些知识、能力、经验和素质体系的途径,合理安排时间,有目的、有选择、有重点地选修专业课程、参加课外活动和技能训练。制订学业规划时要注意避免与学业目标相脱节。

歌德曾说过:"向着某一天终于要达到的那个终极目标迈步还不够,还要把每一步骤看作目标,使它作为步骤而起作用。"如果说学业目标的确定解决的是高职生目标牵引式学业规划中要实现什么的问题的话,具体的学业规划的制订则是为了解决如何实现的问题。确立学业总目标和各阶段性目标之后,学生需要进一步用实际的学习实践活动作为具体内容充实到每个阶段,这些学习、实践活动就是实现学业总目标或阶段性目标的保障和途径。根据目前高等教育的实际,学生的学业主要从两个大的方面来规划,一是课内的专业学习,二是课外的素质拓展。

一、制订专业学习规划

笔者认为,任何目标的确立都应该是建立在事实基础之上的。对高职生而言,自己的学业规划必须建立在本专业的基础之上,了解本专业的特点、学好本专业的课程、在所学的专业领域达到一定的水平,是每个高职生应该做的事情,也是顺利完成大学学业并最终成长成才的前提条件。当然,高职生根据自己的爱好和特点在毕业之后对自己的职业方向进行调整,也不失为一条可行之路,但是很多高职生在校期间完全不考虑自己的专业完全凭兴趣确立学业目标,这种舍本逐末的做法是非常不可取的,也是我们应该反对的。

在专业学习方面,高职生获取知识并不断提升自身能力素质的途径有两种:课程学习和自主学习。课程学习是指学校必修课学习、通识课学习、第二专业学习等课堂学习方式;自主学习,主要是指高职生在课堂之外通过自己阅读、听讲座、参加学术活动等方式达到获取专业知识的效果。针对这两个方面,高职生专业学习的规划可按如下原则进行。

(一)扎实学好必修课程

学业目标的确立是建立在专业认知的基础上的,我们提倡学业目标不能完全脱离自己的专业。因此,无论将来的职业目标是什么,在校高职生都要学好必修课程,否则会出现舍本逐末的情况,以至于荒废了必学的内容,出现学业困难甚至毕业困难的现象。也就是说,专业必修课程其实没有规划的空间,高职生扎实学好专业课程是最基本的要求。

(二)认真对待选修课程

所谓选修课程,就是个体为了在专业或素质方面有所提升而选学的课程。在当前大学体系下,选修课程多以全校通选课的方式出现。高职生在选择、学习选修课内容时,都应该以一种审慎的态度认真对待,至于选择哪些课程,则要根据自己的学业目标进行确定,不能随意选择目标,选修的课程要有助于实现自己的学业目标。

(三)适度旁听个别课程

旁听,是高职生学习的另一种特殊形式,是高职生在所学的必修课和选修课之余,参加其他专业的课堂学习,由于这样的学生不在教学计划范围内,所以被称为旁听。在现代大学中,很多学校仍保留着较好的旁听传统和课堂开放的制度,高职生对此也并不陌生。如果不为考研,旁听是一种很纯粹的学习方式,没有必修选修学分可拿,不应付考试,也不像听讲座那样两三小时内便完成一次学习过程,而是一节一节地上课,凭兴趣与求知的热情支撑自己在不同的知识殿堂参观游历。很多高职生都有过旁听经历,部分高职生在不同学校、不同专业的课堂上听过,以"旁听专家"或"职业旁听生"自称。所谓适度旁听,是指旁听教学计划以外的课程,一是不能影响自己专业必修课的学习,二是要根据自己的实际需要,不能漫无目的、随心所欲地学习。

(四)慎重选修第二专业

第二专业通常被简称为"二专",是指在一些大学里学生除本专业以外,还可以通过申请选择修读的第二个专业。第二专业与旁听的区别在于完成学业后可以拿到第二专业的学位证书(一般会注明是第二专业),是一种较为正式的、体系化的学习。与此相对应的,第二专业也要求学生付出更多的财力、时间和精力,为了顺利毕业,拿到第二专业的证书要修满一定的课时并通过相应的考试,还要撰写毕业论文。第二专业的形式为广大高职生,特别是为想在本专业外有所涉猎的高职生提供了一个很好的平台,也为想转专业而无法实现的高职生提供了一个选择机会。但是相对本专业而言,第二专业的讲授和学习还存在着一些实际问题。比如:学生选读第二专业实用性趋向明显,并没有真正地了解该专业的特点、前景,存在一定的盲目性;第二专业学时有限,容易造成知识掌握的效果不佳,而学生的主修专业和第二专业在时间上往往会有冲突,据调查,学生能够用于第二专业的时间相当少;第二专业缺乏独立的教学机制和管理机制,导致教学计划的实施存在一定困难,学生在第二专业学习中往往是接受"填鸭式"教学,纯理论的教学降低了学习难度,同时也削弱了学生的学习热情,最终陷入恶性循环中;等等。所以,我们提倡学生慎重选择第二专业进行学习,一定要在学有余力的前提下进行。

同时,我们建议各高校进一步加强第二专业的宣传和管理,保证教学质量,建立第二专业教育的质量监控机制。

(五)做好课外自主学习

除上述几种传统意义上的大学课堂学习之外,高职生的学习生活中还应有更为自主、灵活、受个人支配的学习内容,普遍称为课外自主学习。在当前大多数高校中,这一学习方式可以包括阅读专业书籍、聆听专业讲座、安排预习复习等。自主学习的实质就是独立学习,要求学生能够不依赖教师和别人,自主地开展学习活动,把学习变成自己自觉自愿、自己分内做的事情。因此,自主学习是大学学习的重要形式,独立性是自主学习的灵魂。可以说,大学学习生活的成功与否不在课内而在课外,很多高职生不能充分利用课外的时间,放任自己沉迷于网络游戏等,以至于学习成绩不佳。在大学课堂上,教师只是对某门课程或某个领域的基础知识、最新成果、发展动态做一个大致的概述,更深入的学习和探究主要依靠学生在课外自主完成。如何完成这一学习过程,也就是高职生应该具备的另一种能力——自主学习的能力。高职生要规划好学习时间、方式、目标等,要充分利用图书馆、校园网等资源进行专业学习,要多参加学术会议、学术报告,接触校内外的专家学者,开阔自己的眼界要提前预习、课后复习课内学习的内容,做好知识的理解等。

二、制订素质拓展规划

近年来,全国各高校通过研讨和学习,对以前高等教育普遍存在的功利主义倾向及重"做事"轻"做人"、重理论轻实践、重专业技术教育轻人文素质教育的状况有了更加深刻的认识。我国积极倡导全面科学的素质教育观,在加强学生综合素质教育方面进行了大胆探索与实践,明确了综合素质教育的基本内容包含四大类,即思想道德素质教育、科学文化素质教育、创新能力素质教育和健康身心素质教育,这也是结合高职生所需具备的四项综合素质所提出来的教育内容。应当说,这四个大的方面基本上能包括各种学业目标所需综合素质,但过于宏观,同时与高校的课外活动很难做到一一对应,这不利于学生进行课外学习实践的规划。共青团中央针对高校学生课外活动提出的高职生素质拓展计划有效地解决了这个问题。在参考高职生素质拓展"思想政治与道德修养""学术科技与创新创业""社会实践与志愿服务""文化艺术与身心发展""学生社团与社会工作""阅读写作与知识延展""技能培训与交际表达"及其他能力八个方面的内容的基础上,我们认为,高职生根据学业目标有效开展素质拓展活动,可从以下八个方面进行规划。

(一)思想政治与道德修养

思想政治主要指学生申请加入党、团组织,参加党团组织生活,接受政治理论学习及相关政治教育的情况。从贯彻党的教育方针来看,我们建议全体学生都应树立政治追求意识。对将学业目标确立为考公务员、选调生的学生而言,更应该按照党团组织的要求和程序,加强政治理论的学习,主动接受党团组织的培养和考验,通过自己的努力,争取早日实现政治追求。道德修养主要是指学生的道德品质,这里主要是指能提高学生道德修养的活动或道德修养的行为表现,比如模范遵纪守法、积极主动为他人提供帮助、遵守社会公德等方面。

(二)学术科技与创新创业

学术科技主要对学有余力或对学术科技感兴趣的学生而言,可以参加一些课内外与专业相关的学术科技活动或学科竞赛活动等,以提高自己的科研创新能力。创新创业则主要对一些有创业愿望的学生而言,如参与一些创业计划竞赛、模拟或实际创办自己的公司,或从事一些与创业相关的实践活动等。

(三)社会实践与志愿服务

社会实践与志愿服务主要指:学生参加课余社会实践、志愿服务及勤工助学情况,不包括教学计划内的专业实习;学生通过深入社会参加各种实践活动,增加社会阅历和职业经验,锻炼实践能力和明确就业方向;学生通过参与志愿工作,在帮助他人、服务社会的过程中,传递爱心和传播文明;贫困学生通过勤工助学改善生活状况,努力完成学业,锻炼学生在困境中自主成长,学会自强自立。

(四)文化艺术与身心发展

文化艺术与身心发展主要指学生参加校内外各种校园文化活动,包括音乐、美术及各类体育活动。学生通过参加文艺体育类的比赛来展示自己,既可以提高综合能力,又能够丰富校园文化生活。更重要的是,学生通过参加这类文化艺术活动,能极大地提高个人审美情趣和身体素质,是对自我兴趣爱好的一种满足,能够愉悦身心,提升自己的心理素质。这类活动对所有学生都是有益的,每名学生都应该认真规划此类活动。

（五）学生社团与社会工作

学生社团是指以兴趣为载体,以提高技能、满足兴趣为目的而建立的学生组织。学生社团的内容涉及面较广且不拘一格,不同兴趣的学生参加不同的社团,通过形式多样的社团活动可以提高某一方面的技能。这里所说的社会工作主要指学生参加学生组织或团体(包括学生社团)并担任一定的职务,承担相应的工作,常见的如担任班级干部、各级学生会、学生社团以及党团组织的干部等。担任社会工作对高职生的成长是一种较全面的实践锻炼。学生在参与竞聘时,要接受竞选的考验,还需要具备相应的资格,要展示自己的才华及敏捷的反应、缜密的思维和雄辩的口才,同时获得群众的支持。学生在担任学生干部时,通过策划、组织和开展活动,对自己的组织协调能力、策划能力及应变能力都是一种很好的锻炼。对学业目标涉及管理岗位的学生而言,应主动多参与一些社会工作。

（六）阅读写作与知识延展

阅读写作主要指学生阅读的课外书籍和撰写的非学术论文类文章的情况,不包括本专业类书籍和本专业学术论文。学生通过课外阅读和写作,能提高文学修养及书面文字表达能力。知识延展主要指学生拓展非本专业知识面的情况。学生通过阅读学习非本专业的知识,可以提高人文素养,扩大知识面,使自身成为既能掌握专业知识又能博学多识的高素质人才。

（七）技能培训与交际表达

技能培训主要指学生参加国家认可的技能考试和培训情况。学生通过参加本专业要求的技能资格培训及考试,如国家统一法律职业资格、会计师资格等,提高专业技术能力、就业能力;通过参加语言类、计算机软件设计类及驾驶技术等培训和考试,提高综合技能,扩大就业范围。交际表达主要指学生参加公共演讲、辩论等相关口才类学生团体情况。口头表达能力是社会交往中重要的一方面,也是在传统课堂教学中无法得到充分锻炼的一种能力。学生通过参加演讲、辩论等相关口才类社团活动,提高口头表达能力,从而提高专业表达能力以及人际交往能力。

（八）其他能力

其他能力是指学生拓展的上述七项素质能力以外的素质。

这八个方面基本可以涵盖高职生在做好专业学习之外,提升自身综合素质所能涉及的方面,这样的体系构建参照了当前我国高校现有的学生工作体系和内容,具有一定的现实意义。根据个体的不同选择,高职生在安排自己的实际活动内容时受到的目标牵引力也不尽相同,所以,这八个方面的素质拓展内容只是一个建构性体系,高职生可以根据自己的选择和需要有重点有计划地培养自己的某些方面能力。在素质拓展活动中,高职生应坚持"全面发展,重点突破"的原则,对素质拓展的内容有取有舍、有主有次,不能平均用力。

三、学校要做好学生目标牵引式学业规划制订的指导工作

（一）完善制度,确保学业规划指导工作规范化开展,有章可循

学业规划指导工作是一项长期工作,学校应不断建立和完善与其相关的规定与制度,确保学业规划指导工作在制度上有"法"可依,在组织上有专门机构、专人负责。学校、各相关部门、各学科系部应具体制订一套与本系部学生学科特点相适应的具体方案,明晰工作的具

体职责、工作范围、实施方法细则、评价方法等,以便逐步规范学业规划指导工作,进而形成相应的制度。学校应组建一支专兼结合、结构合理的学业规划师队伍,由学院直接领导,具体负责该项工作的开展落实,且应将班主任、辅导员与专业教师结合起来,系统地从学生管理、教学内容设置、课时安排等方面开展相关工作。

(二)学业规划指导工作落实到位

学业规划指导就是帮助学生解决好学习期间学什么、如何学、什么时间学、用什么方法学等在学生具体学习、生活过程中发生的问题。因此,学业规划指导工作应落实在日常的教学和管理工作中。

首先,学校应统一部署,在学生中推行学业规划表,其中包括学习总目标、各学期目标及分解目标,并引导学生制订实施目标的具体步骤措施等,同时结合不同时期学生的心理特征,明确目标,突出重点,分步实施,建立"高职生学业规划指导内容体系"。辅导员或班主任应适时提醒学生结合实际修正或调整计划,以能更好地完成学生的学业为终极目标,同时通过互联网、就业问答、招聘专栏、应聘模拟等形式,围绕树立正确择业观,重在政策咨询和信息服务等方面,引导学生认清就业形势、掌握就业对策,为学生提供尽可能多的锻炼机会,让他们在思想上、能力上做好就业准备。

其次,学校要将学业规划指导工作作为长期工作来开展。学业规划指导工作主要围绕学生的思想管理工作开展,可利用主流媒体营造舆论氛围,利用社团活动等有效形式开展学业规划方面的教育和培训,从非专业知识获取层面着手,重在培养学生的其他素质和能力,让学生在活动中认清自己的实际情况,从而督促他们强化综合素质,引导学生全方位扩展知识、拓展能力,培养复合型人才。

最后,要发挥专业课教师的最大作用。在课堂上,专业课教师要加强对学生学业规划的专业性引导,不仅要在合理的范围内传授知识,而且要注意专业知识的拓展,在纵、横两个维度上均应加强,既能让学生掌握全面的专业知识,又能让他们在相关领域取得更好的成绩,最终将他们培养成为"一专多能型"和"广博精深型"的人才。

(三)辅导员与专业导师两者结合,互相促进

辅导员不只是高职生思想上的引路人、生活中的体贴人,也是他们学习上的指导者和心理上的疏导者。辅导员的角色已经由单一的思想政治教育者向以学生成才为核心的教育者、服务者的多元化方向发展。在现有制度和环境下,辅导员尝试在学生工作的范畴内,对学生进行学业指导,加强学生工作和教学工作的有效结合,是其工作的内涵拓展和创新之举。辅导员可从思想上积极宣传,提高认识,使学生明确学业规划的意义,变被动要求为主动需求。另外,辅导员可从学业指导类课程的开设入手,创建小组合作学习模式的学业指导机构,同时吸收专业课教师加入学业指导中心,定期参加学业指导工作的培训,这样可提高学业指导的效果,使辅导员在日常管理教育中融入学业指导的内容,使教育引导无处不在。

专业导师以培养学生自我管理能力为目标,在开学初召开专业介绍会,向学生介绍课程设置、培养计划、就业前景等,引导学生热爱所学专业,激发学生的学习热情,再重点解读人才培养方案和专业教学计划,使学生明确专业培养的全过程,对专业主干课程之间的内在联系有清晰的认识,能明白其他学科对所学专业的指导意义,更加清楚应具备的专业核心知识

和关键能力,强化学生专业意识,加深学生对专业知识的理解。另外,专业导师可引导学生掌握更专业的学习方法,达到事半功倍的效果,从专业角度引导学生进行学科资料的搜索和收集,进而使学生养成结合理论进行实践的习惯。专业导师的设立和辅导员角色的转化,相辅相成、互相促进,既能发挥专业导师的学术特长,又能将学业规划与日常管理紧密结合,使教书和育人工作有机结合,更好地促进学生成长和成才。

专题3·学业规划实施

一、扎实的学业为就业开路

一个人的文化素质将决定他在求职择业时的自由度和取得职业岗位的层次。大学是就业准备教育阶段,大多数高职生一毕业就将走上工作岗位。高职生应该为几年后的就业做好知识、能力、素质等全方位的准备,珍惜大学时光,抓好学业,为未来的就业、创业、成功立业开山铺路。为此,根据社会发展和用人单位的需要,高职生应重点从以下三个方面抓好学业,做好就业准备。

(一)构建合理的知识结构

坚持广博性与精深性、理论与实践、积累与调节相统一的原则,培养宽厚扎实的基础知识、广博精深的专业知识,构建合理的知识结构,这一过程没有捷径可走,其基本途径只能是学习和积累,但不可一劳永逸,必须持续不断地付出艰辛的劳动。只要采取适合自己的科学方法,并不断努力,高职生才能建立和完善自己的知识结构,为顺利就业成才打下良好的基础。

(二)锻炼较强的实践能力

知识并不能简单地与能力画等号,知识与能力是辩证关系。在一定意义上而言,能力比知识更重要。因此,一名优秀的大学毕业生应把建构合理的知识结构、培养科学的思维方式和锻炼较强的实践能力统一起来,这样才能在择业、就业过程中立于不败之地。高职生应具备的基本实践能力包括表达能力、动手能力、适应能力、交际能力、管理能力、创造能力、决策能力等。培养实践能力的方法主要有勤奋学习、积累知识、积极参与、勇于实践、启迪思维、发展兴趣等。

(三)全面提高综合素质

知识、能力、素质是高职生社会化的三大要素,知识是素质形成和提高的基础,能力是素质的一种外在表现,没有相应的知识武装和能力展示,不可能内化和升华为更高的心理素质。但是知识和能力往往只能解决如何做事,而提高素质可以解决如何做人。高素质的人才应该将做事与做人有机地结合,既把养成健全的人格放在第一位,又注重专门知识、技能和能力的培养,使自身得到全面、和谐的发展。因此,一名优秀的大学毕业生应把构建合理的知识结构、培养科学的思维方式、锻炼较强的实践能力和提高全面的综合素质统一起来,这样才能顺利择业、就业。综合素质主要包括思想道德素质、专业素质、文化素质、身心素质四个方面。四者相辅相成、不可分割,其中思想道德素质是综合素质的灵魂和根本,文化素质、专业素质和身心素质是基础。

二、高职生学业规划的步骤

（一）学业规划的选定

首先，分析自己的兴趣爱好，认定自己想干什么。兴趣是理想产生的基础，兴趣与成功的概率又有明显的正相关性。要择己所爱，选择自己喜欢的专业方向和研究领域进行钻研与学习。其次，分析自己的能力、特长，确定自己能干什么。能力是人的综合素质在现实行动中的表现，是正确驾驭某种活动的实际本领。能力是实现人的价值的一种素质，也是支配人生命运的一种主导性的积极力量。因为任何职业都要求从业者掌握一定的技能、具备一定的条件，所以结合自己的兴趣爱好，在认定自己想干什么的基础上确定自己已经具备的能力和应该培养的能力。

最后，分析未来，确定社会需求，着眼未来、预测趋势，了解社会不断发展变化的需求，避免盲目跟风。因为最热门的职业并非最好的，选择社会需要又最适合发挥自身优势的专业方向和研究领域才是最好的。要将自己的兴趣爱好、能力特长同社会需要结合起来，将想干什么、能干什么、社会需要干什么有机地结合起来。几方面的结合点和连接处正是高职生学业规划的关键所在。

（二）强化学业规划

当学业规划选定以后，被很多高职生或束之高阁或虎头蛇尾，导致有了学业规划却不能实施或实施后不能持久，最终无法实现既定的学业。这些现象的出现是因为高职生在制订学业规划时缺少了一个重要环节，即对学业规划的强化。强化学业规划就是规划执行者在执行之前充分运用想象，详细地列出达成学业规划的好处，从而培养积极的心态，进而增强动力、产生更大的执行力，确保学业规划顺利完成。

（三）学业规划的分解

制订出总学习目标以后，要能自上而下地分解，即制订学习计划。以专科三年为例，可以按照以下的思路进行：三年的总学习目标——一年的学习目标——学期的学习目标——一月的学习目标——一周的学习目标——一日的学习目标，使学业规划落实到学习生活的每一天，确保学业的严格执行。

（四）学业规划评估与反馈

在实施学业规划评估与反馈的过程中，要及时地对环境和条件作出评价和估计，对自己的执行情况作出评估。由于现实生活中的种种不确定因素，学业规划的设计必须具有一定的弹性，因此，评估结果出来以后应进行反馈，以便自己及时反省和修正学业目标，变更实施措施与计划。同时应做到定期评估与反馈，每年、每学期、每月、每日进行检查评估与反馈，进而分析原因与障碍，找出改进的方法与措施，

（五）激励与惩罚

激励措施能激发人的潜能和积极性，惩罚可以防止惰性的产生。一定要制订完成阶段目标后对自己的激励和惩罚措施，即完成目标后怎样奖励自己，完不成目标将怎样惩罚自己。

三、高职生学业规划的方法

（一）明确学业目标

高职生在学业生涯中的学业目标有短期目标和长期目标,且在一定时期还可能对学业目标进行一定的调整。高职生应尽快确定自己的学业目标,即打算成为哪方面的人才、打算在哪个领域成才等。对这些问题的不同答案不仅会影响高职生个人学业生涯的设计,也会影响其成功的机会。

（二）正确分析自我和学业

自我分析即通过科学认知的方法和手段,对自己的学业兴趣、气质、性格、能力等进行全面认识,清楚自己的优势与特长、劣势与不足。自我分析要客观、冷静,不能以点带面,既要看到自己的优点,又要正视自己的缺点,避免设计的盲目性。

高职生制订学业生涯规划时,要对该学业所在的行业现状和发展前景有比较深入的了解,比如人才供给情况、平均工资状况等。不同职业岗位对求职者的素质和能力有着不同的要求,在学业生涯设计时,还要了解所需要的学业素质要求,即除要了解所需要的一般职业能力外,还要了解所需要的特殊职业能力。

（三）构建合理的知识结构

在学业生涯规划时,高职生要能够根据职业和社会不断发展的具体要求,将已有知识科学重组,构建合理的知识结构,最大限度地发挥知识的整体效能。如今的社会对未来人才的知识综合性结构提出了更高的要求,要求高职生既能很好地适应社会需要,又能充分体现个人特色;既要能满足专业要求,又要有良好的人文修养;既能发挥群体优势,又能展现个人专长。构建合理的知识结构没有捷径可走,只能学习和积累,采取适合自己的科学方法,持续不断地付出艰辛的劳动。

（四）培养职业需要的实践能力

综合能力强、知识面广是用人单位选择高职生的主要依据。高职生应重点培养满足社会需要的决策能力、创造能力、社交能力、实际操作能力、组织管理能力和自我发展的终身学习能力、心理调适能力、随机应变能力等。

（五）参加有益的学业训练

当前,高职生进行的学业训练较少,即使是学业测评,也只有少部分人开始运用它为自己学业设计作参考。目前,高校组织高职生参与的暑期"三下乡"活动、青年志愿者活动、毕业实习、校园创业活动等都是学业训练的很好形式,在这方面,高校应鼓励有条件的高职生利用假期实习从事社会兼职,组织学生开展模拟性的学业实践活动、开展学业意向测评、开展学业兴趣分析测评等。

四、高职生学业规划应注意的问题

在规划学业生涯时要根据社会需求,把握社会动向。高职生都有自己的专业,每个专业都有一定的培养目标和就业方向,这就是高职生学业生涯设计的基本依据。用人单位对毕业生的需求,一般先选择的是高职生专业方面的特长。如果学业生涯设计离开了所学专业,无形中就增加了许多"补课"负担。所以,专家建议高职生对所学的专业知识要精深、广博,除了要掌握丰富的基础知识和精深的专业知识,还要拓宽专业知识面,掌握或了解与本专业相关、相近的若干专业知识和技术,还要根据个人兴趣与能力特长设计学业生涯,设计学业生涯要与自己的个人性格、气质、兴趣、能力特长等方面相结合,充分发挥自己的优势,扬长避短,体现人尽其才、才尽其用的要求。

高职生切不可以学习成绩为评价能力高低的唯一标准。高职生应在对自己能力特长正确认知和评价的基础上,根据自己的真才实学和能力特长设计学业生涯。

专题4·学业规划评价

一、学业规划评价的意义

评价,是人们对某一事物的价值判断,伴随着人类一切有目的的活动。人与动物的区别就在于人能从追求比以前更高更好的目标出发,对自身的行为及其结果进行反思与评价。随着社会的发展,对高职生进行科学合理的评价为用人单位选拔人才,积极引导学生全面提高自身素质,培养应用面广、适应性强、富有创造性的21世纪人才等方面将发挥越来越重要的作用。因此,进行高校学业规划评价就有着多方面的意义。

第一,学业规划评价是高等教育事业发展的需要。中共中央、国务院《关于深化素质教育改革　全面推进素质教育的决定》第二、第四部分里分别提及"建立符合素质教育要求的对学校、教师和学生的评价机制""建立自上而下的素质教育评估检查体系"。这说明了构建科学的教育评价体系的重要性。

第二,学业规划评价是适应市场经济的需要。现在用人单位在招聘人员时使用严密的测评体系和客观的评分标准评价大学毕业生。评价指标体系的研究和建立可以为用人单位提供一个标准化评价人才系统,有利于选拔优秀人才,并把人才安置在最适合的岗位,实现个人和岗位有效匹配,发挥其最大的作用。

第三,对学生而言,学业规划评价有利于高职生正确检验自己,正确评估和认识自己,树立自信,有利于个人择业和自我发展。对学校来说,学业规划评价能够发现教学中存在的不足,为调整教学计划、优化教学过程、深化教育教学改革提供参考,为高校培养人才确立正确方向。

第四,在教书育人过程中,教师需要对学生的性格、能力、成就、态度、兴趣、潜能及发展等进行较全面的了解,作出一系列决策和判断。系统地综合评价学生素质,可以创造性地教学,因材施教,提高教学质量,还要改变传统的以"一张成绩单"评价学生优劣的弊端。

第五,学业规划评价有利于高校学生教育管理工作。高校学生教育管理工作的重心由现在的日常教育管理转移到加强学风建设,重视对学生创新意识、人文素养和健全人格的培养,造就具有创新思维和创新能力的高素质人才上。学生是否具有创新潜力和创新意识,关键在于教师是否具有创造性思维,能否科学地引导学生开展创造性活动,以及能否为学生提供必要的物质条件和精神土壤。

二、学业规划评价模式的构建

目前,高校对高职生的学业规划评价主要集中在学习效果上,而对于学业规划中学生在学习之外的思想政治素质、文化素养、身心素质等很少涉及。因此,评价既要反映学生在大学阶段学业成绩的特征要求,又要反映高职生综合素质提升的特征要求,还要考虑评价的可操作性。现行的评价体系相对单一,其评价指标设置不能完全反映学生的全面素质发展,对影响学生成才的许多因素未涉及或涉及不深,如对学生影响颇深的心理因素、人文知识水平、科技创新能力、实践能力、创业精神、协作精神和沟通能力等不能做很好的评价。学业规划最终目的是促进高职生的综合素质提升,因而其评价包含着两层意思:一是对目标牵引式学业规划本身的评价;二是对高职生综合素质的评价。

学业规划的实施作为一种教育行为,其评价模式的构建首先应符合教育评价模式。教育评价模式是指在一定理论指导下,由评价结构、功能、过程和方法等要素相互联系、相互制约而构成的一种教育评价范式,它是教育评价基本理论与方法的总体概况,是教育评价类型的总构思。近代著名的教育评价模式有泰勒的行为目标评价模式、斯塔弗尔比姆的 CIPP 评价模式、斯克里文的目标游离模式、斯塔克的应答评价模式、欧文斯的对手模式、古巴和林肯的政策评估模式等。按照大学学业规划教育的特点,大学学业规划教育评价模式可选用斯塔弗尔的 CIPP 评价模式和发展性评价模式相结合的综合评价模式。

CIPP 评价模式由斯塔弗尔比姆提出。他认为评价可以分为两部分:一是过程评价,用来指导方案的实施和调整修改;二是成果评价,用目标达到的程度来评价效果。CIPP 评价模式既符合大学学业规划教育注重过程管理和目标管理相结合的特点,又和大学学业规划动态调整的特征相吻合。

发展性评价模式认为,评价是一个协助评价主体总结工作绩效,分析优缺点,采取改正措施,扬长避短,更高、更有效地实现目标的系统、持续性的过程,这是一种面向未来的、以持续改进为目的的、突出可持续发展的评价模式。它强调评价标准的多样化,评价不仅要衡量教育活动及其结果是否达到某个标准,而且要衡量教育活动是否有利于满足不断变化的、多样化的需求。这与目标牵引式学业规划目的是满足高职生多样化的个性需求相吻合。

因此,在学业规划评价模式中可采用斯塔弗尔比姆的 CIPP 评价模式和发展性教育评价模式相结合的综合评价模式,不仅注重对大学学业规划教育的过程评价,而且注重对大学学业规划教育的目标评价,同时又不囿于单一的评价标准,而是以满足高职生个体多元化需求为前提,制订相应的评价方案。

本节试将综合评价理论运用到学业规划中,采用过程评价、成果评价、发展性评价等构建综合评价体系,将量性评价和执行评价相结合,将评价渗透在整个学业规划的实施中,多元的评价主体、多维的评价内容,体现以人为本、以学生为本的教育方针。采用综合性评价,一方面,调动了高职生的学习积极性和促进了高职生综合素质的提升,对自己的高职生活有更好的规划和行动,不仅有利于高职生大学学业目标的实现,更能对高职生一生的职业生涯发展起到指引作用;另一方面,可以让实施者更好地掌握每个高职生的特点,对高职生进行个性化指导。

三、学业规划综合评价模式的实施

对高职生素质的评价属于德育评价的范畴,素质评价往往通过素质测评的方式,即通过量表、面试、评价中心技术、观察评定、业绩考核等多种手段测评人才素质。目前广为使用的素质测评有心理素质测评、职业素质测评、能力素质测评、综合素质测评等,但由于人的素质并非可以绝对量化的,这些测评工具的效度通常在60%～80%,只能作为高职生科学认识自我的参考和辅助。在素质教育大背景下,学业规划评价中对高职生个体素质的评价模式主要包括专业素质和非专业素质在内的全面、均衡的评价模式。专业素质的测评可通过考试和考核专业课程、专业实践、专业表现等方式进行测评;非专业素质的测评则需进一步细分,按照一定的指标进行分层,如思想道德方面、能力提升方面、实践体验方面等达到某种程度或有哪些表现给予一定的分值,将这些非专业素质特征进行相对量化,用以评定高职生通过目标牵引式学业规划教育后素质提升的程度。总之,个体素质评价以学业规划内容为主,以其内容相对应的素质提升为目标,评价模式要与学业规划模式相匹配。

学业规划评价在实施过程中必须坚持四大原则,即内适评价与外适评价相结合的原则、定性评价与定量评价相结合的原则、过程评价与目标评价相结合的原则、宏观评价与微观评价相结合的原则,同时在实施过程中要注意各评价元素之间的内在联系。

(一)综合评价的原则

1.内适评价与外适评价相结合的原则

目标牵引式学业规划实施要坚持促进高职生素质提升(内适)和满足社会需求(外适)相结合的原则,这是大目标牵引式学业规划评价最基本的原则。

2.定性评价与定量评价相结合的原则

定性评价是以实现目标牵引式学业规划为依据,定量评价则是反映大学学业规划目标的实现程度。如对大学学业规划目标中的专业素质评价可侧重采用定量评价的方式,对思想素质、政治素质等非专业素质评价可侧重采用定性评价的方式。

3.过程评价与目标评价相结合的原则

恩格斯说过:"世界不是既成事物的集合体,而是过程的集合体。"目标牵引式学业规划实施的过程是高职生实现大学学业规划目标的过程,也是高职生逐步实现素质提升的过程,这个过程是动态变化的。因而目标牵引式学业规划评价既要注重过程评价,也要注重目标评价。

4.宏观评价与微观评价相结合的原则

目标牵引式学业规划评价过程是理论与实践相结合的过程,要科学分析这一过程,就要把握宏观评价和微观评价相结合的原则。宏观评价着眼于大学学业规划教育的宏观背景、社会形势,立足于高校大学学业规划教育评价这一整体;微观评价则主要针对大学学业规划教育活动的具体实施作出价值和绩效评价,包括对教育者、受教育者、教育过程的评价。

(二)综合评价的要素

目标牵引式学业规划评价是一个连续的、完整的工作过程、运行系统,构成目标牵引式学业规划评价的各要素一起构成了完整的评价体系。笔者认为大学学业规划评价的实施要素主要由评价目标、评价内容、评价工具、评价标准和评价方法五个方面构成。评价目标要层次化,体现以人为本的原则;评价内容要人本化,符合人才发展规律;评价工具要科学化,增加评价效度和信度;评价标准要多元化,注重结果的公平、公正;评价方法要灵活化,达到全面评价的效果。

1. 评价目标

确定大学学业规划教育评价的目标,解决的是为什么要评价的问题,本书认为大学学业规划教育评价,一方面是为了判断教育者实施大学学业规划教育活动的质量,另一方面是为了判断受教育者的质量,即素质提高的程度。由于目标牵引式学业规划强调的是高职生个性自由发展,因而在制订目标牵引式学业规划评价目标时,应当根据高职生的不同层次及培养目标的不同层次,确定不同年级、不同层次学生的评价目标,体现评价目标的层次性和个性化。

2. 评价内容

目标牵引式学业规划评价内容从整体上而言,包括对教育者、受教育者及目标牵引式学业规划实施过程、结果等;从结构上来看,包括对领导机制和组织机构、规章制度的评价,对教育者、受教育者的评价,对目标牵引式学业规划内容、途径、方法的评价,对教育环境的评价等,各部分互相联系、互相制约,共同构成目标牵引式学业规划评价的内容。

对教育者的评价主要从教育者专业化方面入手;对受教育者的评价主要从素质提升方面着手;对目标牵引式学业规划实施过程的评价主要包括对规划内容的落实、教育方法的实施和途径的实现等方面作有效性的判定。领导机制主要是实施大学学业规划教育的决策系统,组织机构是大学学业规划教育的操作系统,规章制度是大学学业规划教育的保障系统;环境评价主要是高职生根据所处环境,结合自身特点进行分析与评价,以制订出适合自身个性发展的大学学业规划。对目标牵引式学业规划实施结果的评价主要包括两个方面:一方面是学校在学生教育中整体风貌的改变,如学风、科技创新、校园文化活动的氛围等;另一方面要包括学生在专业学习和素质拓展两个大方面进行评价,具体包括专业学习与自主学习、思想政治与道德修养、社会实践与志愿服务、学术科技与创新创业、文化艺术与身心发展、社团活动与社会工作、阅读写作与知识延展、技能培训与交际表达等方面的效果进行评价。

3. 综合评价工具

高校应充分肯定专业测评工具在目标牵引式学业规划评价中的重要地位和作用,挑选和引入相关测评工具,为高职生更好地做好大学学业规划服务。测评工具建设主要涉及专业测评人员和专业测评工具两个方面。专业测评人员建设可以依托学业规划教育方面的专家以及高校心理健康教育与心理咨询中心的专业教师,引入素质测评和心理测评系统,采用标准化心理测验量表等,了解高职生的个性心理特质,评价高职生生涯发展的成熟度,了解高职生在接受目标牵引式学业规划教育前后的素质能力变化。如对人格的测验可采用卡特尔的 16 种人格因素测验、明尼苏达多项人格测验、艾森克人格问卷(EPQ)等工具,对职业兴趣方面的测验可采用霍兰德职业适应性测验、斯特朗职业兴趣量表等工具。

模块三
职业自我认知——点亮职业蓝海灯塔

学习目标

1. 认识自己，确定自己具备哪些能力。
2. 认识自我，积极地进行自我探索。
3. 认识自己，明确自己属于什么性格。
4. 认识自我，了解职业需求。

正确认识自我是一个人成功经营自己职业生涯的第一步，一个人如果无法充分认识自己，所有的努力都可能只是为了符合别人的期待。只有通过自我探索，了解自己的内在需求及自己想要追求的是什么，个人的生命力才能得以展现。

专题1·职业发展认知

【故事与人生】

什么才是你生命中的核桃

一个山谷的禅房里有一位老禅师,他发现自己的一个徒弟非常勤奋,不是去化缘,就是去厨房洗菜,从早到晚,忙碌不停。

这个小徒弟内心很挣扎,他的眼圈越来越黑,终于,他忍不住来找师傅。

他对老禅师说:"师傅,我太累了,可也没有什么成就,是什么原因呀?"

老禅师沉思了片刻,说:"你把平常化缘的碗拿过来。"

小徒弟就把碗取来了。老禅师说:"好,把它放在这里吧,你再去拿几个核桃过来将碗装满。"

小徒弟不知道师傅的用意,捧了一堆核桃进来。这十来个核桃一放入碗里,整个碗就被装满了。

老禅师问小徒弟:"你还能拿更多的核桃往碗里放吗?"

"拿不了了,这碗眼看已经满了,再放核桃进去就该往下滚了。"

"哦,碗已经满了是吗? 你再捧些大米过来。"

小徒弟又捧来了一些大米,他沿着核桃的缝隙把大米倒入碗里,碗里竟然又放入了很多大米,直到大米开始往外掉了,小徒弟才停下来。突然间小徒弟好像有所悟:"哦,原来碗刚才还没有满。"

"那现在满了吗?"

"现在满了。"

"你再去取些水来。"

小徒弟又去取水,他取了一瓢水往碗里倒,在半瓢水倒入碗里之后,这次连碗中的缝隙都被填满了。

老禅师问小徒弟:"这次满了吗?"

小徒弟看着碗满了,却不敢回答,他不知道师傅是不是还能放进去东西。

老禅师笑着说:"你再去取一勺盐过来。"

老禅师又将盐化在水里,水一点儿都没溢出。

小徒弟似有所悟。老禅师问他:"你说这说明了什么呢?"

小徒弟说:"我知道了,这说明了时间只要挤挤总是会有的。"

老禅师却笑着摇了摇头,说:"这并不是我想要告诉你的。"

接着老禅师又把碗里的东西倒回盆里,腾出了一只空碗。

老禅师缓缓地操作,边倒边说:"刚才我们先放的是核桃,现在我们倒着放,看看会怎么样?"

老禅师先在碗里放了一勺盐,再往碗里倒水,水倒满之后,当再往碗里放大米时,水已经开始往外溢了,而当碗里装满了大米时,老禅师问小徒弟:"你看,现在碗里还放得下核桃吗?"

老禅师对小徒弟说:"如果你的生命是一只碗,当碗中全是六米般细小的事情时,你的那些大核桃又怎么放得进去呢?"

小徒弟这才彻底明白了。如果每个人都清楚自己的核桃是什么,生活就简单轻松了。

我们要将核桃先放进生命的碗里,否则一辈子就会在大米、芝麻、水这些细小的事情中,核桃就放不进去了。

来自百度文库:什么才是你生命中的核桃,有修改

思考:

(1)如果生命是一只空碗,那么应该先放什么呢?

(2)什么才是你生命中的核桃?

(3)该怎样区别核桃和大米呢?

(4)怎么识别你生命中的核桃?

(5)这则故事对我们的人生有什么启示?

一个有效的职业生涯规划,必须是在充分、正确地认识自身条件与相关环境的基础上进行的。对自我及环境的了解越透彻,越有助于做好职业生涯规划。高职生进行职业生涯规划,不仅能帮助个人达到和实现自己的人生目标,更重要的是还能帮助自己真正了解自己,真正弄清楚"我到底是一个什么样的人"。

一、自我认知

尼采曾说:"聪明的人只要能认识自己,便什么也不会失去。"如今,随着社会的不断发展,人们对于自我的认识也进入一个突破性阶段。事实上,每个人都有巨大的潜能,每个人都有自己的个性和长处,每个人都可以选择自己的目标,并通过不懈的努力去争取自己的成功。

自我认知是对自己所做的全面分析,通过审视自己、认识自己、了解自己,弄清自己想干什么、自己能干什么、自己应该干什么、在众多的职业面前自己会选择什么等问题。要弄清这些问题,我们就必须对自己的需求、能力、兴趣、特长、性格、气质、学识、技能、智商、情商、思维方式及组织管理、协调、活动能力等进行分析,以确定自己具备哪些能力以及什么样的职业适合自己。

自我认知的目的是认识自己、了解自己。只有真正认识自己,才能对自己的职业做出正确的选择。因此,自我认知是职业生涯规划最重要的步骤之一,是整个职业生涯规划流程中最基础、最核心的环节。这一环节如果做不好或出现偏差,就会导致整个职业生涯规划后续诸多环节出现问题。

"自我"概念是舒伯生涯发展理论的核心。"自我"是每个人自己对自己的认识与评价,包括对自己生理和心理的认识,以及对自己周围所处环境和周围人对自己如何评价的认识。正确认识并评价自己是一件至关重要的事情,它决定了你对各种事物,包括情感、意志、行动的理解,进而采用截然不同的态度和处理办法。真正认识自己的人不仅要认识现在和将来

的自己,还要对过去的自己有透彻的了解并正确对待过去的一切行为。

古往今来,不少人对"自我"这个概念做了大量的研究:詹姆斯的"经验自我"和"纯粹自我";弗洛伊德的"本我""自我""超我";罗杰斯的"现实自我"和"理想自我";米德的"客我"和"主我";埃里克森把自我意识的形成和发展过程划分为八个阶段……用舒伯的话说:"职业生涯就是对自我的实践。"

在心理学上,自我是一个独特的、持久的、同一身份的我,主要包括作为认知对象的我和行为主宰的我。自我认知属于自我意识的范畴,包括自我察觉、自我认知、自我分析、自我评价等。我们可以从"我是谁""我从哪里来""我要到哪里去"三个问题入手进行说明。

第一个问题——我是谁?包括物质自我、社会自我和精神自我三个部分。

物质自我是对自己生理状况,如身高、体重、形态及住房、财产、衣物、装饰等的认识。一个人对自己的外貌长相、服饰打扮的定位和评价是物质自我的认识反应。这一部分有形的"自我"可以说是每个人对"自我"最直接的感受和理解。

社会自我是对自己在社会关系、人际关系中的角色、地位、作用和权力等的认识和体验。社会自我使个体在社会化过程中得以发展和成长。

精神自我是自我认知中最核心的部分,它是对"我"的内部主观存在的认识,是对自我心理特征,如需要、动机、价值观、能力、气质、性格等的认识。

第二个问题——我从哪里来?包括籍贯、家庭状况、学历、阅历、现有知识储备、能力、社会地位和社会资源等。

第三个问题——我要到哪里去?包括对自己未来人生的设计,如自己希望在感情上、经济上、社会成就上达到什么目标,以及实现目标的具体方法。

正确认识自我是一个人迈向成功职业生涯的第一步,一个人如果无法充分认识自己,所有的努力都可能只是符合他人的希望和要求,而与自己的内心状态不符。因此,只有通过自我认知了解自己的内在需求,个人潜能才会得以充分发挥。

二、自我认知的方法

自己要了解自己,首先要了解自己到底想成为什么样的人。其次要了解自己的人生目标到底是什么。最后要了解自己最适合做什么样的工作。很多人都在做一些自己不喜欢的工作,大部分人都在从事与自己专业不对口的工作,这样成功的概率不大。

弄清楚"我到底是一个什么样的人",就是一个客观分析自我、正确认识自我的过程。

正确认识自我是直面人生、战胜困难的第一步。客观分析自我,对自己的气质、性格、兴趣、能力等个性心理特征有一个较为正确的认识,不仅对职业选择十分有必要,而且与心理健康有重要联系。所谓客观分析自我,就是能清醒地发现自己的长处和短处,不因优点而自喜,亦不因缺点而自卑。对自我评价不客观,就会出现评价过高或过低的现象,这可能导致择业失败或失误,可能产生心理困扰。

我们可以通过以下几种方法进行自我分析。

(一)反省内省

《论语》中有"吾日三省吾身"的要求。了解自己最重要的是时时刻刻不忘自我反省,随时检视自己的行为举止与内在思维,这是一种个体直接认识自己的方法。我们既是心理活动的主体,又是心理活动的对象,要经常对自己的心理、行为进行剖析,使自我评价逐步接近客观实际。我们通过内省可以了解自己的智力、情绪、意志、能力、气质、性格和身体条件等特点,内省也是自我意识形成的重要途径之一。在认识自己的过程中,高职生一定要注意客观、全面、辩证地看待自己,形成正确的自我意识,真正地了解自己,并以此选择适合自己的发展道路。

(二)通过比较认识自己

有比较才有鉴别,事实上,人们往往是通过与别人的比较来认识自己的。一是与同学比较来认识自己,不仅比考试分数,还注重比实际操作能力。比较可以认识自己的长处和不足,认清自己在与之相比较的人群中所处的位置,以便扬长避短。二是通过别人的态度来认识自己,一个人对自己的认识难免有偏差,因此有必要根据他人的评价及他人对自己的言行态度来认识自己。古语云:"以人为镜,可以明得失。"当然,别人的态度不一定能全面评价一个人,但大多数人的态度总是能说明一些问题的。比如,一个求职者如果不注意与其他竞争者相比较,就很难判断自己的成功概率。

(三)通过咨询了解自己

我们可以向老师咨询,也可以向职业规划指导专家咨询,还可以征求同学、家长和熟悉自己的人的意见。长期生活、学习、工作在一起的人对自己的言行看在眼里,印象很深,对自己的评价会更公正、更客观。

(四)橱窗分析法

橱窗分析法是自我剖析的重要方法之一。心理学家把对个人的了解比作一个橱窗。为了便于理解,可以把橱窗放在一个直角坐标系中加以分析。横轴坐标的正向表示别人知道,横轴坐标的负向表示别人不知道,纵轴坐标的正向表示自己知道,纵轴坐标的负向表示自己不知道。橱窗分析法示意图如图3-1所示。

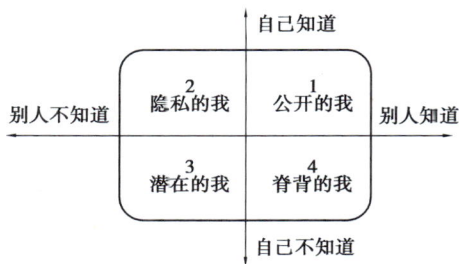

图3-1　橱窗分析法示意图

①橱窗1为自己知道、别人知道的部分,称为"公开的我",属于个人展现在外、无所隐蔽的部分。对初次交往的朋友而言,这个区域可能很小;对自己的父母,这个区域可能就变得很大。这个区域的大小视对方对自己了解的多少而异。

②橱窗2为自己知道、别人不知道的部分,称为"隐私的我",属于个人内在的私密部分。自己的秘密、弱点都不愿让别人知道,因为暴露这个部分可能会使自己受到伤害或被鄙视。只有当很信任对方不会出卖、伤害自己时,我们才会敞开自己的隐私区。所以,这个区域的大小视个人对他人的信任程度而定,越信任的人,隐藏区就越小。

③橱窗3为自己不知道、别人不知道的部分,称为"潜在的我",属于有待开发的部分。这个区域有多大是未知数,经过自己的省思和特殊的际遇,我们可能会突然间有所顿悟,发现自己的潜能或隐藏的一些特质。有些部分需要心理咨询、测验工具来开发,有些部分可能永远都不会被发觉。

④橱窗4为自己不知道、别人知道的部分,称为"脊背的我",也就是所谓的个人盲点区,通常是自己不自觉的瑕疵、怪癖、习惯等缺点。有自知之明、常常自我反省的人,这个区域比较小。虚心接受师长与亲友指点是缩小盲点区的有效途径。

在进行自我分析时,重点是了解橱窗3和橱窗4这两个部分。

"潜在的我"是影响一个人未来发展的重要因素,因为每个人都有巨大的潜能。许多研究表明,人类通常只发挥了极小部分的大脑功能。如果一个人能够发挥一半的大脑功能,就能轻而易举地学会40种语言,背诵整套百科全书。控制论的奠基人诺伯特·维纳指出:"可以完全有把握地说,每个人,即使他是做出了辉煌成就的人,在他的一生中利用他自己的大脑潜能还不到百亿分之一。"

由此可见,认识与了解"潜在的我",是自我认知的重要内容之一。"脊背的我"是准确地对自己进行评价的重要方面,如果你诚恳、真心实意地对待他人的意见和看法,就不难了解"脊背的我"。当然,这需要开阔的胸怀、正确的态度和有则改之、无则加勉的精神,否则,就很难听到别人的真实评价。

(五)自我测验法

自我测验法是通过回答有关问题来认识自己、了解自己,是一种比较简捷、经济的自我分析法。测试题目由心理学家们经过精心研究设定,只要如实回答,就能在相当程度上了解自己的有关情况。在回答自测问题时,切忌寻找答案,而应该是自己怎么想、怎么认识就怎么回答,这样的测试才有实际意义。

自我测试的量表很多,内容包括方方面面,如性格测试、情绪测试、智力测试、技能测试、记忆力测试、创造力测试、观察力测试、应变能力测试、想象力测试、管理能力测试、人际关系测试、行动能力测试等。

(六)360°评估

360°评估,又称"360°反馈"或"全方位评估",最早由被誉为"美国力量象征"的典范企业英特尔首先提出并加以实施,主要用于企业人力资源管理中的绩效管理。我们在做自我评估时可以借用这一方法。

1.360°评估的参与者

在做360°评估时要走访尽可能多的人,从不同角度把握自己、认识自己,以提高自我认知结论的准确性。走访者主要包括父母、朋友、同学、亲戚、老师、领导、下属及所有认识并熟悉你的人。

2.360°评估的内容

360°评估的内容可以包括各个方面,比如,你的性格、气质、兴趣、能力、特长、为人处世的方式、你给人的印象、他们认为你适合做什么等,在听取大家对你的评价之后,总结出你的优点和缺点。360°评估示意图如图3-2所示。

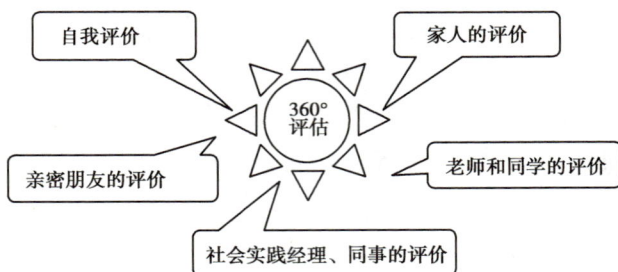

图3-2　360°评估示意图

三、自我认知的内容

客观地进行自我认知非常困难,正如苏轼所说:"人之难知也,江海不足以喻其深,山谷不足以喻其险,浮云不足以比其变。"一般而言,自我分析主要包括四个方面的内容。

①生理自我,即自己的相貌、身材、穿着打扮等。

②心理自我,即自己的性格、兴趣、能力、气质、意志等。

③理性自我,即自己的思维方式、思维方法、道德水准、情商等。

④社会自我,即自己在社会上所扮演的角色,自己在社会中的责任、权利、义务、名誉,他人对自己的看法以及自己对他人的看法。

这四个方面涉及的因素很多,重点应该分析自己的气质、性格、兴趣、能力以及价值观等内容。

专题2·职业兴趣培养

一、什么是兴趣

（一）兴趣的定义

兴趣是人对客观事物的选择性态度,是人对需要的情绪表现,或者说是指一个人认识和掌握某种事物,并经常参与该活动的心理倾向。一个人对某一件事产生浓厚的兴趣时,一定会对这个事物保持充分的注意,并进行积极的探索活动。

（二）兴趣的特性

人的兴趣具有倾向性、广阔性、持久性、稳定性。兴趣的倾向性是指个体对什么感兴趣。人与人由于年龄、环境、层次等属性不一样,兴趣的指向也不同。就高职生来说,有人喜欢文科,有人喜欢理科、工科,因此他们的兴趣倾向就不一样。兴趣的广阔性主要是指兴趣的范围。兴趣的范围因人而异,有的人兴趣广泛,有的人兴趣狭窄。一般来说,兴趣广泛的人知识面也很宽泛,在事业上会更有作为。但也要防止兴趣太广,什么都喜欢,而什么都不精通、不专注,有可能会一事无成。兴趣的持久性主要指兴趣的稳定程度。兴趣的稳定性对一个人的学习、工作很重要,只有稳定的兴趣,才能促使人系统地学习某一门知识,把某一项工作坚持到底,并取得成绩。

（三）兴趣在职业活动中的作用

有关资料表明,一个人如果从事自己感兴趣的职业,则能发挥全部才能的80%～90%,且长时间保持高效率而不感到疲劳。如果从事不感兴趣的职业,只能发挥出全部才能的20%～30%。往往很多在事业上取得成功的人,都是在强烈兴趣推动下取得的。可以说,谁找到了自己最感兴趣的职业,谁就有可能踏上通往成功的道路。

①兴趣是职业生涯选择的重要依据。兴趣是最好的老师,是一种强大的精神力量。兴趣可以使人集中精力去获取所喜欢的职业知识,启迪智慧并创造性地开展工作。一个人对某种职业感兴趣就能调动自身的积极性;就能积极地感知和关注该职业的知识、动态,并且积极思考,大胆探索;就能情绪高涨、想象丰富;就能提高记忆效果,增强克服困难的毅力。

②兴趣可以提高工作效率,充分发挥才能。一个人对某一方面工作有兴趣时,枯燥的工作会变得丰富多彩、趣味无穷。兴趣使工作不再是一种负担,而是一种享受。爱迪生几乎每天在实验室辛苦工作十几个小时,在实验室吃饭、睡觉,但丝毫不以为苦,他宣称:我一生中从未间断过一天工作,我每天都其乐无穷。

③兴趣是保证职业稳定、职场成功的重要因素。香港著名实业家李嘉诚说过:对创业者自身成就事业至关重要的是培养自己对所从事职业的浓厚兴趣。对某一职业有浓厚的兴趣,是智力开发的"孵化器"。兴趣是工作动力的主要源泉之一。在其他条件相似的情况下,自己感兴趣的职业不仅可使自己感到满意,而且能够让工作单位感到满意,并由此增加工作的长期性和稳定性。

此外,多方面兴趣可以使人善于应对多变的环境。如需要变换工作,只要自己感兴趣,就能很快地学会相关的技能,使求职成功,并在新岗位上迅速地熟悉和适应新的工作。

二、兴趣与职业匹配

广义地说,兴趣是一种人格特征。越来越多的研究表明,不同的职业团体具有其特定的性格特征。例如人们已经发现,具有科学兴趣的被试者,性格明显内倾;而与推销兴趣有关的被试者则很外倾。很多心理学家认为,职业选择反映出个体基本的情绪需求,职业调整一般是生活步调调整的主要成分。

(一)霍兰德的人格类型职业匹配理论

美国学者霍兰德提出了人格类型职业匹配理论。霍兰德认为,职业选择是个人人格的延伸,个人的行为是人格与环境相互作用的结果,职业选择也是人格的表现。

人的兴趣也可能是多种兴趣的组合,比如一个人喜欢研究,但研究的是社会问题,那他就是一个社会科学研究人员,社会科学研究人员就是研究型和社会型的组合。

人格形态与行为形态影响人的择业及其对生活的适应,同一职业团体的人有相似的人格,因此他们对很多情境与问题会有类似的反应方式,从而产生类似的人际环境。

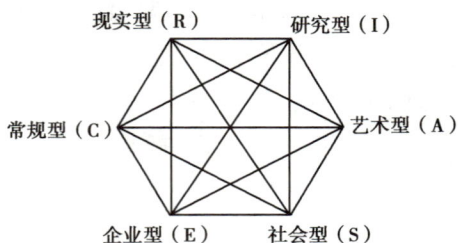

图 3-3 六种人格类型

人可以被分为六种人格类型(即兴趣组型):现实型(R)、研究型(I)、艺术型(A)、社会型(S)、企业型(E)、常规型(传统型)(C),每个人的人格都属于其中一种。这六种类型按照一个固定的顺序排成一个六边形,如图3-3所示。霍兰德用六边形模型表示六种人格职业类型的相互关系,边和对角线的长度反映了六种人格类型之间心理上的一致性,也代表着六种职业类型之间的相似与相融程度。

霍兰德认为,环境造就了人格,反过来人格又影响着个体对职业环境的选择与适应。人们总是寻找能够施展其能力与技能、表现其态度与价值观的职业。职业满意度、稳定性和职业成就取决于个体人格类型和职业环境的匹配与融合。职业行为是人格与环境相互作用的结果。

(二)兴趣类型特点与职业应对

1.现实型(R)

①共同特点:愿意使用工具从事操作性工作,动手能力强,做事手脚灵活,动作协调。现

实型人格偏好于具体任务,不善言辞,做事保守,缺乏社交能力,通常喜欢独立做事。

②性格特点:感觉迟钝,不讲究,谦逊,踏实稳重,诚实可靠。

③职业建议:喜欢使用工具、机器,需要基本操作技能的工作。要求具备机械方面的才能、体力,或从事与物件、机器、工具、运动器材、植物、动物相关的职业。例如,计算机硬件人员、摄影师、制图员、机械装配工、木匠、厨师、技工、修理工。

2. 研究型（I）

①共同特点:是思想家而非实干家,抽象思维能力强,求知欲强,善于思考,不愿动手,喜欢独立和富有创造性的工作;知识渊博,不善于领导他人;考虑问题理性,做事精确,喜欢逻辑分析和推理且不断探索未知的领域。

②性格特点:有耐力,有韧性,喜欢钻研,为人好奇,独立性强。

③职业建议:喜欢智力的、抽象的、分析的、独立的定向任务,要求具备智力或分析才能,并将其用于观察、估测、衡量,形成理论,最终解决问题的工作。例如,科学研究人员、教师、工程师、电脑编程人员、医生、系统分析员等。

3. 艺术型（A）

①共同特点:有创造力,乐于创造新颖、与众不同的成果,渴望表现自己的个性,实现自身的价值;做事理想化,追求完美,不切实际;具有一定的艺术才能和个性;善于表达,怀旧,心态较为复杂。

②性格特点:有创造性,非传统的,敏感,容易情绪化,较冲动,不服从指挥。

③职业建议:喜欢的工作要求具备艺术修养、创造力、表达能力和直觉,并将其用于语言、行为、声音、颜色和形式的审美、思索和感受,具备相应的能力。不善于事务性工作,如艺术、文学工作,但在平常并不总是从事艺术工作,而是指工作中倾向于将事情做得漂亮、有情调、锦上添花、追求完美。

4. 社会型（S）

①共同特点:喜欢与人交往,不断结交新的朋友,善言谈,愿意教导别人,关心社会问题,渴望发挥自己的社会作用;比较看重社会义务和社会道德。

②性格特点:为人友好,热情,善解人意,乐于助人。

③职业建议:喜欢与人打交道的工作,能够不断结交新的朋友,从事提供信息、启迪、帮助、培训、开发或治疗等工作,如教育工作者(教师、教育行政人员)、社会工作者(咨询、公关人员)等。

5. 企业型（E）

①共同特点:追求权力和物质财富,具有领导才能,喜欢竞争,敢于冒险,有抱负;为人务实,习惯以利益得失、权力、地位、金钱等来衡量做事的价值,做事有较强的目的性。

②性格特点:善辩,精力旺盛,独断,乐观、自信,好交际,机敏,有支配愿望。

③职业建议:喜欢要求具备经营、管理、劝服、监督和领导才能,以实现机构、政治、社会及经济目标的工作,如项目经理、销售、营销管理、政府官员、企业领导、法官、律师等。

6. 常规型/传统型（C）

①共同特点:尊重权威和规章制度,喜欢按计划办事,细心,有条理,习惯接受他人的指

挥和领导,自己不谋求领导职务;喜欢关注实际和细节情况,通常较为谨慎和保守,缺乏创造性,不喜欢冒险和竞争,有自我牺牲精神。

②性格特点:有责任心,依赖性强,高效率,稳重踏实、细致,有耐心。

③职业建议:喜欢要求注意细节、精确度、有系统、有条理,具有记录、归档、根据特定要求或程序组织数据和文字信息的工作,如秘书、办公室人员、记事员、会计、行政助理、图书馆管理员、出纳员、打字员、投资分析员等。

在六边形模型中任何两种类型之间的距离越近,其职业环境及人格特质的相似度就越高。例如企业型和社会型距离最近,相似性也就越高,如企业型和社会型的人都较其他类型的人更喜欢与人打交道。而企业型和研究型则具有最低程度的相似性。

六边形模型也表明了六种人格特质类型之间的一致性,一种人格兴趣类型与其相邻的类型组成了最相似的模型,如现实型、研究型和常规型。而人格类型相反的模型如"企业型与研究型""常规型与艺术型"等,距离最远,其一致性最低,常规型的人多墨守成规,而艺术型的人多富有创新精神;常规型的人擅长自控,而艺术型的人则擅长表达。

六边形模型可以对人格(兴趣)类型与职业环境之间的适配性进行评估。例如,一个社会型人格占主导的人在一个社会型的职业环境中工作会感到更舒畅,但是如果让他在一个现实型的工作环境中工作,他可能会感到不舒服、不满意。

专题 3·职业性格调适

一、气质、性格和人格

提到性格,经常会有"性格决定命运""性格决定成败"等说法,也常常使人联想到气质、人格这两个词语。

气质是表现在心理活动的强度、速度、灵活性与指向性等方面的一种稳定的心理特征,也就是平时所说的脾气、秉性。气质是先天的、内在的,是人的天性、自然属性。

性格是在生活中形成的对现实的稳定态度以及与之相适应的习惯化的行为方式。性格是在社会生活中逐渐形成的,是一个日积月累的过程,具有稳定性和独特性。性格常常表现为一种经常性、习惯性的行为,是一种对外界事物自然而然的本能反应行为。

人格又称个性,源于古希腊语"persona",指古希腊时代的戏剧演员在舞台演出时所戴的面具,代表剧中人物的角色和身份,面具随人物角色的不同而变换,体现了角色的特点和性格,就像京剧中的脸谱。

人格包含的内容很多,性格和气质是最重要的部分,由气质和性格形成人格,既包含先天的气质因素,又包含后天的性格因素,即人格=气质+性格。

气质和性格相互影响,都是人独特的、稳定的人格特征,气质是内因,是性格的基础,同时性格也影响气质。二者又有不同,气质是先天的,可塑性很小,要想改变性格很难,所谓"江山易改,禀性难移",其实质就是指气质。性格是后天养成的,与家庭教育、生活环境、社会影响息息相关,可塑性较大,是可以慢慢改变的。关于气质和性格,我们要尊重先天的气质,有效管理后天的性格。

二、气质的探索

气质是神经活动类型特征在人的行为上的表现。所以,认清自己的气质对择业至关重要,是选择职业时的重要因素。一般来说,气质分为胆汁质、多血质、黏液质和抑郁质四种类型。每一种气质都有其积极方面和消极方面。气质对个体的职业选择有一定的影响,不同气质的人适合从事不同类型的职业。

①胆汁质。胆汁质的人属于兴奋而热烈的类型。他们有理想,有抱负,有独立见解,精力旺盛,热情直率,易激动暴躁,情绪体验强烈,神经活动具有很强的兴奋性,反应快却不灵活。他们能以极大的热情去工作,克服工作中的困难,但若对工作失去信心,情绪立即就会消沉。典型代表人物如《三国演义》中的张飞、《水浒传》中的李逵等。这类人适宜从事竞争激烈、冒险性强、风险意识强的职业,如探险员、地质勘探员、登山员、体育运动员、飞行员、演说者、营业员、宾馆招待员等。

②多血质。多血质的人属于敏捷而好动的类型。他们更易于适应环境的变化,性格开朗,活泼好动,思维活跃,反应敏捷,易适应环境,善于交际。多血质的人在群体中精神愉快,相处自然,常能机智地摆脱窘境。这类人工作能力较强,在工作和学习中肯动脑筋,常表现出较强的工作能力和较高的办事效率,情感丰富且易兴奋,对外界事物有广泛的兴趣,不安于循规蹈矩的工作,注意力不集中,兴趣易转移,对职业有较广的选择范围和机会。典型代表人物如《红楼梦》中的王熙凤、《水浒传》中的燕青等。这类人适于从事要求迅速灵活反应的工作,如记者、律师、艺术工作者、导游、外交官、公安、军官、秘书和其他社会工作者等,但不宜从事单调机械的工作和要求细致的工作。

③黏液质。黏液质的人属于缄默而安静的类型。他们情绪兴奋性低,安静沉稳,灵活性低;内倾明显,外部表现少,无论环境如何变化,都能基本保持心理平衡,反应慢,但稳定性强,偏固执、冷漠;比较刻板,有较强的自我克制能力,能埋头苦干,做事稳重,不易分心;对新职业适应慢,善于忍耐。典型代表人物如《水浒传》中的林冲等。这类人适于从事要求稳定、细致、持久性的工作,如会计、法官、管理人员、外科医生、图书管理员、翻译、商务工作人员、教师、科研人员等,但不宜从事具有冒险性的工作。

④抑郁质。抑郁质的人属于呆板而羞涩的类型。他们敏感,行动缓慢,情感体验深刻,观察力敏锐,易感觉到别人不易觉察的细小事物,易疲倦、孤僻,工作耐受性差,做事审慎小心,易产生惊慌失措的情绪,一般是多愁善感的人。典型代表人物如《红楼梦》中的林黛玉等。他们适于从事要求精细、敏锐的工作,如哲学、理论研究、应用科学、机关秘书、作家、画家、诗人、打字员、音乐家等。

事实上,大多数人总是以某种气质为主,又附有其他气质。所以,高职生在职业选择时,一定要"量质选择",找到适合自己气质类型的工作。

探索活动:气质类型测试

以下有四组气质类型测试题,可以帮助高职生确定自己的气质类型。做测试时,依次阅读题目,对完全符合自己的题目记3分;如果有的题目模棱两可则记2分;对于不符合自己情况的题目记0分,最后计算出自己在每种气质类型上的总分。

第一组

（1）到一个新环境很快就能适应。（　　　）

（2）善于与人交往。（　　　）

（3）在多种情况下情绪是乐观的。（　　　）

（4）能够很快忘记那些不愉快的事情。（　　　）

（5）接受一项任务后,总希望迅速完成。（　　　）

（6）能够同时注意几件事情。（　　　）

（7）疲倦时只要短暂休息,就能精神抖擞地投入工作。（　　　）

（8）讨厌做那些需要耐心细致的工作。（　　　）

（9）符合兴趣的事干起来劲头十足,否则就不想干。（　　　）

（10）假如工作枯燥乏味,马上就会情绪低落。（　　　）

（11）反应敏捷、头脑机智。（　　　）

（12）希望做变化大、花样多的工作。（　　　）

第一组总分:（　　　）

第二组

（1）喜欢在公开场合表现自己,有强烈地争第一的倾向。（　　　）

（2）做事有些莽撞,常常不考虑后果。（　　　）

（3）做事总有旺盛的精力。（　　　）

（4）宁愿侃侃而谈,不愿窃窃私语。（　　　）

（5）容易激动,经常出口伤人。（　　　）

（6）羡慕那些能够克制自己感情的人。（　　　）

（7）喜欢运动量大和场面热烈的活动。（　　　）

（8）情绪高时,干什么都有兴趣;情绪不高时,干什么都不感兴趣。（　　　）

（9）认准一个目标就希望尽快实现,甚至可以不吃饭、不睡觉。（　　　）

（10）遇到可气的事就怒不可遏,想把心里的话一吐为快。（　　　）

（11）爱看情节起伏、激动人心的小说、电影、电视。（　　　）

（12）喜欢争辩,总想抢先发表自己的意见,力图压倒别人。（　　　）

第二组总分:（　　　）

第三组

（1）善于克制、忍让、不计小事,能容忍别人对自己的误解。（　　　）

（2）能较长时间地在某一事物上集中注意力,不容易分心。（　　　）

（3）能够较长时间地做枯燥单调的工作。（　　　）

（4）不易激动,很少发脾气,情绪很少外露。（　　　）

（5）不喜欢长时间谈论一个问题,愿意实际动手。（　　　）

（6）对工作采取认真、严谨、始终如一的态度。（　　　）

(7)喜欢有条不紊的工作。(　　)

(8)与人交往不卑不亢。(　　)

(9)遇到令人气愤的事能够很好地控制自己。(　　)

(10)喜欢安静的环境。(　　)

(11)做事力求稳妥,不做没有把握的事。(　　)

(12)埋头苦干,有耐力。(　　)

第三组总分:(　　)

第四组

(1)宁愿一个人干,不愿和许多人在一起。(　　)

(2)心中有事,宁愿自己想,也不愿说出来。(　　)

(3)学习和工作时常比别人更容易感到疲倦。(　　)

(4)对新知识接受很慢,但理解后就很难忘记。(　　)

(5)爱看感情细腻、人物心理活动丰富的文学作品、电影、电视剧。(　　)

(6)遇到问题总是举棋不定、优柔寡断。(　　)

(7)碰到陌生人觉得拘束。(　　)

(8)厌恶那些强烈的刺激,如尖叫、噪声、危险镜头等。(　　)

(9)感情比较脆弱,一点小事就能引起情绪波动,容易神经过敏。(　　)

(10)当工作或学习失败时,会感到很痛苦,甚至痛哭流涕。(　　)

(11)当感觉烦闷时,别人很难使自己高兴起来。(　　)

(12)遇到危险情况时,常有一种极度恐惧感。(　　)

第四组总分:(　　)

计算得分:第一组多血质;第二组胆汁质;第三组黏液质;第四组抑郁质。哪一组分数明显高于其他三组(均高出4分以上),则可认定为某典型气质;如果两种气质的得分接近(小于3分),且明显高于其他两种,则为两种气质混合型。

三、大五人格理论

人格是指一个人习惯化的思维、情感和行为反应方式。人格受先天遗传和后天环境的影响,成年后比较稳定。严格地说,人格并无好坏之分,但是人格会影响个体与环境的互动方式,会成为一个人成长的有利或不利条件。因此,充分地认识自己的人格特征,善于发现自己的优点和不足,能帮助自己更好地适应环境和社会,更好地走向成功和幸福。

大五人格理论(OCEAN)也被称为人格的海洋,是目前最主要的人格理论。它从外向性、宜人性、谨慎性、神经质和开放性五个方面描述一个人的人格。Goldberg将大五人格理论称为人格心理学中的一场革命,研究者通过词汇学的方法,发现大约有五种特质可以涵盖人格描述的所有方面。

（一）外向性或外倾性（Extraversion）

外向性即个体对外部世界的积极投入。好交际对不好交际,爱娱乐对严肃,感情丰富对含蓄,表现出热情、社交、果断、活跃、冒险、乐观等特点。显著标志是外向者乐于与人相处,充满活力,常常有积极的情绪体验。内向者往往安静、抑制、谨慎,对外部世界不太感兴趣。内向者喜欢独处,内向者的独立和谨慎有时会被错认为不友好或傲慢。

（二）宜人性或随和性（Agreeableness）

宜人性反映了个体在合作性与社会和谐性方面的差异。热心对无情,信赖对怀疑,乐于助人对不愿合作。宜人性包括信任、利他、直率、谦虚、移情等品质。宜人的个体重视与他人的和谐相处,因此,他们体贴、友好、大方、乐于助人、愿意谦让。不宜人的个体更关注自己的利益,他们一般不关心他人,有时候怀疑他人的动机。不宜人的个体非常理性,很适合科学、工程、军事等此类要求客观决策的领域。

（三）谨慎性或尽责性（Conscientiousness）

谨慎性指控制、管理和调节自身冲动的方式。有序对无序,谨慎细心对粗心大意,自律对意志薄弱。谨慎性包括胜任、公正、有条理、尽职、成就、自律、谨慎、克制等特点。

冲动并不一定就是坏事,有时候环境要求我们能够快速决策。冲动的个体常被认为是快乐的、有趣的、很好的玩伴。但是冲动的行为常常会给自己带来麻烦,虽然会给个体带来暂时的满足,但容易产生长期的不良后果,如攻击他人等。冲动的个体可能不会获得大成就。

谨慎者容易避免麻烦,能够获得更大的成功。人们一般认为谨慎者更加聪明和可靠,但是谨慎者可能是一个完美主义者或工作狂。极端谨慎的个体让人觉得单调、乏味,缺少生气。

（四）神经质或情绪稳定性（Neuroticism）

神经质指个体体验消极情绪的倾向。神经质具有焦虑、敌对、压抑、自我意识、冲动、脆弱等特质。

神经质维度得分高的人更容易体验到如愤怒、焦虑、抑郁等消极情绪。他们对外界刺激的反应比一般人强烈,对情绪的调节能力较差,经常处于不良的情绪状态下。并且这些人的思维、决策以及有效应对外部压力的能力较差。相反,神经质维度得分低的人较少烦恼和情绪化,较为平静,但这并不表明他们经常会有积极的情绪体验。积极情绪体验的频繁程度是外向性的主要内容。

（五）开放性（Openness）

开放性描述一个人的认知风格。开放性包括想象、审美、情感丰富、求异、创造、智慧等特征。开放性得分高的人富有想象力和创造力,这类人好奇心强,欣赏艺术,对美的事物较为敏感。开放性的人偏爱抽象思维,兴趣广泛。封闭性的人讲求实际,偏爱常规,较为传统和保守。开放性的人适合教师等职业,封闭性的人适合警察、销售、服务性职业等。

人格特质说提出以下问题:构成人格的基本要素或特质有多少? 它们是什么? 如何解释它们? 这些特质是不是普适性的,是否对每一个人都适用? 这些因素以什么方式构成个人的人格?

大五人格理论的回答是:对于第一个问题,目前普遍认同的是五个因素的人格特质:只要对人进行描述的题目足够广泛,具有代表性,无论是用他人评定法还是自我报告法,均可证实存在五个强健因素构成人格总体。对于第二个问题,被普遍认同的五个因素分别反映了人格的一般心理倾向(内外倾向性)、人际关系性向(社交性)、对规则认同与遵循倾向(责任感)、情绪反应性(情绪稳定性)和智能性向(开放性或智能)。对于第三个问题,众多研究认为这五个广义的人格特质是普遍存在的,不因语言、文化、种族等的不同而不同。对于第四个问题,各个特质的分数组合形态众多,各种分数组合形态的意义和心理机制尚未被有效地揭示出来。

四、性格的探索

(一)性格的含义

罗曼·罗兰说:"每个人都有他隐藏的精华,和任何别人的精华不同,它使人具有自己的气味。"性格就是这种隐藏的精华,使人具备独特的人格特质,这种人格特质促使个人在生活中,对他人、对事、对自己、对外在环境表现出一致性的对应方式。

性格是个人对现实的稳定态度和与之相适应的习惯化了的行为方式中表现出来的个性心理特征。从广义上讲,性格是人的自然追求和精神欲求的追求体系,是行为方式、心理方式、情感方式的总和,集中反映了一个人的心理面貌。在求职中,性格是构成相识和吸引的重要因素,与职业选择的关系极为密切,既彼此制约又相互促进。

性格是个性中具有核心意义的成分,几乎涉及人的心理过程和个性特征的各个方面。性格对一个人的职业选择有着直接影响。不同性格的人适合不同的职业;不同的职业需要不同性格特征的人来从事。观察日常生活中的人群,我们可以发现他们有千差万别的性格特征。

①性格的态度特征。有的人诚实、正直、谦逊,有的人自私、虚伪、骄傲;有的人勤奋、认真、创新,有的人懒惰、粗心、墨守成规。

②性格的意志特征。有的人自制、果断、勇敢,有的人冲动、盲目、怯懦;有的人顽强、严谨、坚持,有的人优柔寡断、虎头蛇尾、轻率马虎。

③性格的情绪特征。有的人情绪体验深刻,易被情绪支配,意志控制力较弱,情绪对工作影响较大;有的人情绪体验微弱,意志控制力强,不易被情绪左右,情绪对工作影响较小。有的人情绪稳定持久,情绪起伏波动较小,就是在成功和失败等重要事件面前也较稳定;有的人则患"冷热病",易激动,情绪不稳定,在成功面前忘乎所以,在失败面前又可能垂头丧气。有的人经常精神饱满、朝气蓬勃、乐观向上;有的人则经常抑郁低沉、无精打采、悲观失望。

④性格的意识(理智)特征。在感情和注意力方面,有主动观察型与被动观察型,还有分析型与概括型;在想象方面,有主动想象型与被动想象型,还有狭窄型与广阔型,更有创造型与模仿型,同时有冷静的现实主义者和脱离实际的幻想家的区别等。

性格的意志特征与职业选择有密切关系。缺乏坚强意志者常常不能顺利地选择职业,今后也难以胜任工作,往往一事无成或成就不佳。由于意志薄弱,这样的人一遇挫折、困难就退缩,因此失去了许多成功的机会。缺乏坚韧性者无法从事对耐力要求很强的工作,如科研人员、外科医生等;而缺乏自制、任性、怯懦者也不适宜从事管理和社会工作。

就类型而言,性格还可以分为外向型和内向型。就求职而言,在面对面的交谈中,一般以外向性格为好。一项调查显示,在求职面试时,性格外向者求职成功率高于性格内向者。在求职过程中,有时其他条件皆占优势的性格内向者,却竞争不过其他条件不如他的性格外向者。这是因为性格外向者更善于展示自己,特别是展示自己的长处。性格内向者即使有真才实学,但由于不善于展示自己,对方也就无法通过感性印象认识他。求职面试中的感性印象,对用人单位的招聘者来说有着不可忽视的影响。所以说,求职者的性格是影响其求职成败的重要因素。

一般说来,开朗、活泼、热情、温和的性格比较适合从事外贸、涉外、文体、教育、服务等方面的工作及其他同人交往的职业;多疑、好问、倔强的性格比较适合从事科研、治学等方面的工作;深沉、严谨、认真的性格比较适合从事人事、行政、党务等工作;勇敢、沉着、果断与坚定是新型企业家和管理者不可缺少的性格特征。

(二)通过 MBTI 进行性格探索

1. MBTI 及主要内容

MBTI(Myers-Briggs Type Indicator)的理论基础源于瑞典心理学家荣格有关知觉、判断和人格态度的观点,由布里格斯和她的女儿迈尔斯研究发展成为一种心理测评工具。MBTI 用途非常广泛,被应用于自我探索、职业发展、人才选拔、团队建设、管理培训、恋爱婚姻咨询、教育咨询等领域。

MBTI 衡量的是个人的类型偏好(Preference),或称作倾向。所谓"偏好,是一种天生的倾向性,是一种特定的行为和思考方式"。这些偏好虽并无优劣之分,却形成了人与人之间的不同。它们各自识别了一些人类正常和有价值的行为,也可能成为误解和偏见的来源。

MBTI 用四维度偏好二分法评估一个人的类型偏好,每个维度偏好二分法均由两极组成,在 MBTI 测评结果中,一个人在每个维度上只能有一种偏好,如一个人是内倾的就不可能是外倾的,是知觉型的就不会是判断型的。但是,这并不代表一个人是内倾的就没有丝毫外倾的特征,这就好像利右手者不代表其左手是完全没有用处的,有时候需要左右手配合。性格也是如此,一个人如果是内倾的,就意味着在绝大多数情况下其自然反应是内倾的,但是也有外倾的时候,在特别的情境中,甚至可能主要表现为外倾。所以,测评结果的类型所指并不是"非此即彼",而是"主要"表现。

MBTI 包括以下四个维度,显示了人与人之间的差异。

①能量指向分为外倾(Extroversion,E)和内倾(Introversion,I)。该维度用以表示个体心理能量的获得途径和与外界相互作用的程度,即个体的注意较多地指向于外部的客观环境还是内部的概念建构和思想观念。内外倾是人的力比多的倾向,是人们获得和发泄心理能量的方向及个体与外界相互作用的程度。也就是人们把注意力集中在何处,从哪里获得动力,是从内部还是外部获得。外倾型态度表现为主体的注意力和精力指向于客体,即在外部

世界中获得支持并依赖于外在环境中发生的信息,这是一种从主体到客体的兴趣向外的转移。外倾型个体需要通过经历来了解世界,他们更喜欢进行大量的活动,并偏好于通过谈话的方式进行思考,在语言的交流中对信息进行加工。而内倾型态度表现为主体的注意力和精力,指向于内部的精神世界,其心理能量通过内部的思想、情绪等获得。内倾型个体在内部世界中获得支持并看重发生的事件的概念、意义等,因此,他们的许多活动是精神性的,倾向于在头脑内安静地思考,以加工信息。外倾型个体经常先行动后思考,而内倾型个体经常耽于思考而缺乏行动。

②信息获取方式分为感觉(Sensing,S)和直觉(Intuition,N)维度。该维度又称为非理性维度或知觉维度,表示个体在收集信息时注意的指向。即认识世界的方式、人们获取信息的方式及在收集信息时注意力的指向,是指倾向于通过各种感官去注意现实的、直接的、实际的、可观察的事件还是对事件将来的各种可能性与事件背后隐含的意义、符号和理论感兴趣。感觉型个体倾向于接受能够衡量或有证据的任何事物,关注真实而有形的事件。他们相信感官能告诉他们关于外界的准确信息,也相信自己的经验。他们注重现在,关心某一刻发生的所有事情。而直觉型个体自然地去辨认和寻找一切事物的含义,他们不仅重视想象力,更注重将来,努力改变事物而不是维持它们的现状。直觉型个体看到一个环境就想知道它的含义和结果可能如何。感觉型个体被视为较具有实际意识,而直觉型个体被视为较具有改革意识。感觉和直觉维度在问题解决过程中都具有重要作用。

③决策方式分为思维(Thinking,T)和情感(Feeling,F),即人们判断事物、作决定或下结论的方法。所以,该维度又称为理性维度或判断维度。该维度用于表示个体在作决定时采用什么系统,即作决定和下结论的方法,是客观的逻辑推理还是主观的情感和价值。思维型个体通过对情境进行客观的、非个人的逻辑分析来作决定,他们注重因果关系并寻求事实的客观尺度,因此较少受个人感情的影响。而情感型个体期望自己的情感与他人保持一致,他们作决定的基石是何者对他们自己和他人是重要的,其理性判断的依据是个人的价值观。

④生活态度取向分为判断(Judging,J)和知觉(Perceiving,P),是指个体完成任务而采取的行动方式,以及个体喜好的生活方式。该维度用以描述个体的生活方式,即个体倾向于以一种较固定的方式生活(或作决定)还是以一种更自然的方式生活(或收集信息)。这一维度是一种态度维度。虽然个体能够使用直觉和判断,但是这两极不能同时被运用。多数个体会自然地发现采用某种生活方式时总是比另一种更轻松,因此,总是在和外部世界打交道时采用这种生活方式。判断型个体倾向于以一种有序的、有计划的方式对其生活加以控制,他们期望看到问题被解决,习惯并喜欢作决定。而知觉型个体偏好于知觉经验,他们不断地收集信息以使其生活保持弹性和自然,努力使事件保持开放性,让其自然地变化,以便出现更好的事件。

2. MBTI 性格探索

个体能量获得的途径有外倾(E)和内倾(I)。你更喜欢将自己的注意力集中于何处?你会从何处获得活力? 能量倾向的特征区分如表3-1所示。

表 3-1　能量倾向的特征区分

外倾（E）	内倾（I）
注意力和能量主要指向外部世界的人和事，从与他人的交往和行动中得到活力	注意力和能量集中于自己的内心世界，从对思想、回忆和情感的反思中得到活力
1. 关注外部环境	1. 关注自己的内心世界
2. 喜欢用谈话的方式进行沟通	2. 更愿意用书面形式沟通
3. 通过谈话形成自己的意见	3. 通过思考形成自己的意见
4. 用实际操作或讨论的方式能学得最好	4. 用思考、在头脑中"练习"的方式学得最好
5. 兴趣广泛	5. 兴趣专注
6. 好与人交往，善于表达	6. 宁静且显得内向
7. 先行动后思考	7. 先思考后行动
8. 在工作和人际关系中都很积极主动	8. 当情境或时间对他们具有重要意义时会采取主动

①外倾者的主要表现。"平日里要是有人突然问我对某人或某事的看法，我可能会回答得非常宽泛，甚至不会回答，因为在我脑海中确实没有对这件事的任何想法。我的观点往往是在交谈中形成的。""我总是精力充沛，并随时准备帮助任何一个遇到麻烦的人。我喜欢结交朋友，我不喜欢独自工作，喜欢和朋友们待在一起。""我喜欢有人气的生活，即使和一群人在一起说话我也乐意。所以在生活中，一般情况下我不会独自出去逛街购物，除非有些东西我很急用。"

②内倾者的主要表现。"我从来就不爱主动地表现、交往、参加特别多的活动。虽然与知心朋友在一起会是另一番景象，但那是另一回事。""在多数情况下，我更关注自己内心的想法和感受，可以沉浸在自己的世界里大半天而对周围的世界毫无感觉。但这并不表示我忽略别人。我也会站在别人的立场上考虑事情，也在乎他们的喜怒哀乐，并容易受他们的影响。如果你在路上遇见我，你总会看见一张似乎永远那么平静毫无表情的脸。"

专题4·职业需求发掘

对现代企业的每一位员工来说，无论是老员工，还是刚毕业的学生；无论是拥有高等学历，还是初中毕业，人人都期望事业成功。俗话说"上进之心，人皆有之"，这是人的本性。然而，事业的成功并非人人都能如愿，问题何在呢，如何做才能使人获得事业成功呢？职业生涯规划为我们提供了一条走向成功的路径。

职业生涯规划的作用在于帮助你树立明确的目标，运用科学的方法，采取切实可行的措施，发挥个人专长，挖掘自己的潜能，克服生涯发展困阻，避免人生陷阱，不断修正前进的方向，最后获得事业的成功。职业生涯规划的目的，绝不只是帮助个人根据自己的资历条件找到一份工作,进而实现个人目标,更重要的是帮助个人真正了解自己,为自己定下事业大计,筹划未来,进一步详尽估量主客观条件与内外环境的优势和限制,在"衡外情、量己力"的情形下,设计出符合自己特点的、切实可行的职业生涯发展方向,我们会发现职业生涯规划是人生发展的需要。

美国社会心理学家亚伯拉罕·马斯洛将人的需求划分为五个层次,依次为生理需求、安全需求、社交需求、尊重需求和自我实现需求。

①生理需求。对食物、水、空气和住房等的需求都是生理需求,这类需求的级别最低,人们在转向较高层次的需求之前,总是尽力满足这类需求。一个人在饥饿时不会对其他任何事物感兴趣,他的主要动力是寻到食物。即使在今天,还有许多人不能满足这些基本的生理需求。管理者应该明白,如果员工还在为生理需求忙碌时,他们真正关心的问题就与他们所做的工作无关。当努力用满足这类需求激励下属时,我们基于这种假设,即人们为报酬而工作时,就要利用增加工资、改善劳动条件、给予更多的业余时间和工间休息、提高福利待遇等来激励员工。

②安全需求。安全需求包括对人身安全、生活稳定及免遭痛苦、威胁或疾病等的需求。和生理需求一样,在安全需求没有得到满足之前,人们唯一关心的就是这种需求。对许多员工而言,安全需求表现为安全、稳定及有医疗保险、失业保险和退休福利等。主要受安全需求激励的人,在评估职业时,要把它看作不至于失去基本需求满足的保障。如果管理者认为对员工来说安全需求最重要,那么他们就应在管理中着重利用这种需求,强调规章制度、职业保障、福利待遇,并保护员工不失业。当员工对安全需求非常强烈时,管理者在处理问题时就不应标新立异,应该避免或反对冒险,确保员工能循规蹈矩地完成工作。

③社交需求。社交需求包括对友谊、爱情及隶属关系的需求。当生理需求和安全需求得到满足后,社交需求就会凸显,进而产生激励作用。在马斯洛需求层次中,这一层次是与前两个层次截然不同的。这些需要如果得不到满足,就会影响员工的精神,导致员工高缺勤率、低生产率、对工作不满及情绪低落。管理者必须意识到,当社交需求成为主要激励源时,工作被人们视为寻找和建立温馨和谐人际关系的机会,能够提供同事间社交往来机会的职业会受到重视。管理者发现下属努力追求满足这类需求时,应采取支持与赞许的态度,开展有组织的体育比赛和集体聚会等业务活动,并且遵从集体行为规范。

④尊重需求。尊重需求既包括对成就或自我价值的个人感觉,也包括他人对自己的认可与尊重。有尊重需求的人希望别人按照他们的实际形象接受他们,并认为他们有能力,能胜任工作。他们关心的是成就、名声、地位和晋升机会。这是由别人认识到他们的才能而得到的。当他们得到这些时,不仅赢得了人们的尊重,同时就其内心而言,也会因自我价值得到满足而充满自信。不能满足这类需求,他们就会感到沮丧。如果别人给予的荣誉不是根据他们的真才实学,而是徒有虚名,也会对他们的心理构成威胁。管理者在激励员工时应特别注意,对有尊重需求的员工,应采取公开奖励和表扬的方式,如布置工作要特别强调工作的艰巨性及成功需要的高超技巧等。颁发荣誉奖章、在公司刊物发表表扬文章、公布优秀员工光荣榜等都可以提高员工对自己工作的自豪感。

⑤自我实现需求。自我实现需求的目标是自我实现,或是发挥潜能。达到自我实现境界的人,接受自己也接受他人。这类人解决问题能力增强,自觉性提高,善于独立处世,要求不被打扰地独处。要满足这种尽量发挥自己才能的需求,应该已在某个时刻部分地满足了其他的需求。当然自我实现的人可能过分关注这种最高层次的需求的满足,以至于自觉或不自觉地放弃满足较低层次的需求。自我实现需求占支配地位的人,会受到激励在工作中运用最富于创造性和建设性的技巧。重视这种需求的管理者会认识到,无论哪种工作都可以进行创新,创造性并非管理人员独有,而是每个人都期望拥有的。为了使工作有意义,强调自我实现的管理者,会在设计工作时考虑运用适应复杂情况的策略,会给身怀绝技的人委派特别任务以施展其才华,或者在设计工作程序和制订执行计划时为员工留有余地。

从以上各个层次的需求中可以分析出,马斯洛的需求层次理论有以下四个基本点。

①已经满足的需求不再是激励因素。人们总是在力图满足某种需求,一旦这种需求得到满足,就会有另一种需求取而代之。

②大多数人的需求结构很复杂,无论何时都有许多需求影响行为。

③一般来说,只有在较低层次的需求得到满足之后,较高层次的需求才会有足够的活力驱动行为。

④满足较高层次需求的途径多于满足较低层次需求的途径。

马斯洛的需求层次理论阐明了人们究竟会重视哪些目标,也说明了哪些类型的行为将影响各种需求的满足,但是对为什么会产生需求涉及得很少。这些理论也指出,大多数人都存在着较高层次的需求,而且只要环境不妨碍这些较高层次需求的出现,这些需求就能激励大多数人。

许多研究表明,在企业,高层管理人员与基层管理人员相比,更能够满足他们的较高层次的需求。高层管理人员面临着有挑战性的工作,在工作中他们能够自我实现。而基层管理人员更多地从事常规性工作,满足较高层次的需求就相对困难一些。同时,需求的满足根据一个人在组织中所从事的工作、年龄、公司规模以及员工文化背景等因素的不同而有所差异。

①生产指挥系统的管理人员在安全、社交、尊重和自我实现方面比科室人员感到更大的满足,双方在尊重和自我实现需求上的差距最大。

②在尊重和自我实现的需求方面,年轻员工(25 岁或 25 岁以下)的要求比较年长的员工(36 岁或 36 岁以上)的需求更强烈。

③低层次的管理部门和小公司的管理人员比在大公司工作的管理人员更易感到需求得到满足。

事实表明,个人和组织中的事件确实能改变需求。组织中的习惯做法会强烈地影响许多高层次需求的产生并给予满足。例如,根据过去胜任工作的经历而给予的晋升机会能够激发员工的尊重需求。随着员工在组织中不断发展成长,其安全需求逐渐减弱,而社交、尊重和自我实现需求则相应增强。下面是对需求层次理论的主要研究发现的概括。

①需求可以被认为是个人努力争取实现的愿望。

②只有满足较低层次的需求,高层次需求才能发挥激励作用。

③除了自我实现,其他需求都可能得到满足,对个人来说,它们的重要性就下降了。

④在特定时间内,人可能受到各种需求的激励。任何人的需求层次都会受到自身差异的影响,并且会随时间的推移而发生变化。

个体在进行职业生涯规划时,必须以自己的需求为基准,这就需要对自己的需求进行认真的分析和揣摩,进一步了解自己,并且树立远大的目标。职业正是满足各种需求的基础和保障,正因为如此,必须弄清自己的需求,并对自己的人生做出详细的规划和设计,按照自己预设的轨道为人生添加更多的色彩,对照计划的目标在自己人生的每一阶段实现个人价值的增值。

模块四

职业兴趣探索——展开职业世界地图

学习目标

1. 走进职业世界，了解职业性质。
2. 了解职业、专业与行业的区别。
3. 了解职业分类与职业资格认证。
4. 了解自己的职业目标探索。

"知之者不如好之者，好之者不如乐之者。"人的兴趣在职业活动中起着重要作用。如果一个人的兴趣与自己从事的职业相匹配，那对个人的发展与事业都是有益的。事业有成的人，必然喜爱自己的工作，唯有对自己从事的职业感到满足的人，才能创造出非凡的价值。

专题 1 · 走进职业世界

一、职业的定义

（一）职业

职业是参与社会分工,利用专门的知识和技能,为社会创造物质财富和精神财富,获取合理报酬作为物质生活来源,并满足精神需求的工作。我们可以从以下四个方面理解职业的概念。第一,与人类的需求和职业结构相关,强调社会分工;第二,与职业的内在属性相关,强调利用专门的知识和技能;第三,与社会伦理相关,强调创造物质财富和精神财富,获得合理报酬;第四,与个人生活相关,强调物质生活来源,并涉及满足精神生活。

（二）专业

专业,一般指高等学校或中等学校根据社会分工需要而划分的学业门类。实际上,专业有广义、狭义和特指三种解释。广义的专业,是指某种职业不同于其他职业的一些特定的劳动特点。狭义的专业,主要是指某些特定的社会职业。这些职业的从业人员从事的是比较高级、复杂、专门化程度较高的脑力或体力劳动。一般人所理解的专业,大多就是指这类特定的职业。特指的专业,是指高等学校中的专业。高职高专学生在学习过程中会发现,在专业教学中对实际操作能力的要求相当高,学生有较多的时间是在实验室、实训室中度过的。学生不仅要学会理论知识,还要求将理论知识应用于实践,这既是高职高专教育的特征,也是高职高专学生学习的特点之一。

（三）职业与专业的对应关系

高职生在做职业生涯规划时,职业与专业之间的关系是必须面对且要解决好的重要问题。有人说,专业决定了职业;又有人说,专业和职业没有多少联系。其实,这只能说明人们对二者关系的片面、肤浅认识,职业与专业之间不是前者所说的一一对应的关系,当然也不是后者所说的毫无关系。学习中文的依然可以成为记者和专业人员,学习新闻的也可以成为高校教师或公务员。的确,许多成功者现在所从事的职业并不是原来所学的专业,但要看他毕业后从事的第一份正式职业。因为学以致用是最符合经济效益的个人发展原则。因此,自己从事的第一份正式职业如果就是原来所学专业,对提高个人发展效率有着非常重要的意义。

在社会分工越来越细、每个行业所需要的知识和技能越来越专业时,如果要从事非本专业工作,那么一切从零开始,需要花费很大的个人代价(如时间、金钱、精力),所以,高职生在做职业生涯规划时,应争取将自己所学专业与将来从事的职业联系起来,尽量避免走弯路。

职业和专业呈现出的是一种复杂的相关关系,可以概括为三种:一对多的关系、多对一的关系、一一对应的关系。

1.一对多的关系

一对多的关系是指一个专业对应多个职业方向,这些专业一般学习内容比较广博、发展方向分散,如哲学、历史学、文学、经济学等专业。

2. 多对一的关系

多对一的关系就是不同的专业可以发展成为同一个职业方向,这种职业一般技术含量不高,但要求个人在实践中自己领悟和学习,如业务开拓人员、新闻记者、企业管理人员、市场营销人员等。

3. 一一对应的关系

一一对应的关系一般为技术性较强、专业分工明确的中职、高职类工科专业。

（四）学好专业知识

一名高职生只有完成了专业教学计划规定的学习任务,才是符合专业培养标准的合格毕业生。学好专业知识不仅是顺利就业的必备条件,更是实现职业生涯目标的基础。

①了解自己的专业。新生入学后,学校组织的"专业教育"是高职生了解所学专业的最基本的途径。通过"专业教育",高职生会对所学专业有一个大致的了解,包括专业所在的学科、将来与专业有关的工作等。同时,新生可以通过与高年级同学进行交流达到了解专业的目的。新生应充分利用这些途径尽快地对所学专业有所了解,只有这样才不会在将来的学习中陷入被动。

②熟悉自己的专业。熟悉专业的过程是与学习过程相随的,高职生通过对专业课程的学习,必然会对所学专业有更深入的了解。在学习专业课程的基础上,高职生应掌握所学专业的专业结构和学科结构、发展历史、当前的理论动态和科研前沿。高职生熟悉自己的专业仅局限在课堂学习是不够的,随着自己专业知识的增多,应利用一切机会加强与学校教师和专业人士等的交流,只有这样才能全面深入地熟悉自己的专业。

③热爱自己的专业。既然有专业的划分就必然有专业的差异。因为在填报高考志愿时,并不了解所选专业,所以部分同学在入学后会发现所选专业与自己的意愿存在差异,可能会出现厌学情况,这是没有必要的。因为专业的划分是相对的,大学期间的关键是要注重自己综合素质的提高。很多高职生开始并不了解所学专业,最后却在该领域取得卓越成就,这类例子不胜枚举。必须明确的是,高职生在校期间所学专业与将来所从事的工作并非一一对应的关系。据有关部门统计,大学毕业生中所谓"专业对口"的比例是很低的,数据表明,在未来的发展中综合素质是最重要的。

（五）正确看待专业与职业变动

从专业相关性的角度来说,选择与专业比较相关的职业当然对职业发展有很大的支持和帮助。但有的高职生在一开始选择的专业就不是按照自己的兴趣等内在适应性确定的,也就是说,高职生在大学期间所学的专业很可能不是最适合本人的。其实,只有当职业理想及由职业理想转化的职业目标与所学的专业高度相关时,专业才是影响择业的关键因素,否则,就不必被所学专业所限。在职业理想上所指的专业是你日后要从事职业的知识,它可能是你现在所学的专业,也可能是你喜欢的专业、你该学的专业等,总之,是能够实现你的职业理想的基本知识。所以我们的职业理想并不是所学的专业时,就不必被专业所约束。要知道,在职业理想的角度,我们所做的就是我们所愿的,我们所愿的就是我们所喜欢的。专业是否对口,只有在和职业理想相联系时才需要去考虑,而非按所学专业的职业前途选择自己要做的工作。如果说高考时因不了解自己、不懂得规则而选错了专业,那么在大学毕业时的职业选择就是第二次发现自己的一个机会。所以说,如果当初所学专业不能够满足自己的理想和追求,那么完全可以在毕业选择职业时再给自己一次与理想接近的机会。

在观念开放、人才流动频繁的现代社会,跨专业求职已不新鲜,就业的压力迫使越来越多的高职生选择了跨专业求职,从事与自己所学专业不相关的工作。对跨专业求职一族而言,无论是"逼上梁山"的无奈,还是一种自主选择,他们都用自己的兴趣和勇气踏出了一条不同寻常的就业路。他们在新的领域里看到了别样的风景,享受了别样的人生。

在竞争日益激烈的人才市场中,当专业优势不再成为求职优势时,求职者的爱好或特长往往是他从众人中脱颖而出的一个显著标记。或许,兴趣求职只是求职成功中的一个偶然因素,它却透露出这样一个事实:机会不只垂青有准备的人,还垂青有多种技能的人。兴趣广泛、拥有多方面技能的人才,无疑使自己拥有更多的求职筹码,也就理所当然地成为求职场上的佼佼者了。

二、职场故事

专业不对口的高职生如何就业

由于职业规划的缺乏,很多高职生在填报专业时,就已上演了"上错花轿嫁错郎"的闹剧。出于各种各样的原因,喜欢的专业没考上,考上的专业不喜欢的现象在高职生中十分普遍。因此,他们中相当数量的人在毕业时不知道自己要从事什么工作,只有一点是明确的,那就是"与自己所学的专业一刀两断!"

旅游管理专业应届生小轩也正在为专业不对口的问题烦恼。职业生涯规划专家希望从小轩的案例分析中为毕业生找出破解之法。

自述——小轩,旅游管理专业应届毕业生,待业

临近毕业,可我觉得自己对旅游管理这个学了四年的专业并不感兴趣。当初我觉得旅游能游山玩水,加上受韩剧的影响,报考了这个专业。今年3月份实习,我带了3个旅游团,赚了一千多块钱,但工作太累了,这点钱赚得实在不容易。我身边有朋友说可以转到酒店行业,可是酒店普遍工资低,我爸妈觉得在酒店工作没地位,不让我去。现在真正在旅游业工作的同学其实没几个。

前些天,家人发动各种关系托人帮我找工作,人家问我想从事什么工作,我脑子却一片空白。"这个我还真没想过!""不知道!""不清楚!""您看我能干什么吧!"我只能这么回答。除了不想当导游,对自己要找一份怎样的工作,我还真没有慎重地考虑过。我只想大学毕业后,找一份工资3 000元左右、不要太辛苦、离家稍近一点的工作就行了,3个月过去了,工作还是毫无着落。我从期待到失望,现在几乎绝望了。像我这样长相一般、沟通能力一般,对自己的将来基本上没有想法的女高职生来说,找一份工作就真的那么难吗?

专家分析——小轩的N条出路

专家认为,客观来说,小轩的专业并不偏门。随着我国旅游业的不断发展,对旅游管理人才的需求日渐增加,近年来,很多高校都陆续开设了旅游管理专业,学生毕业后主要在旅行社、旅游景区、宾馆、旅游交通运输公司、餐饮企业、各类星级宾馆、酒店、餐饮等部门从事运营管理、前厅接待、外联、领班、公关等工作。对小轩来说,眼下的就业出路似乎有以下几条,各有优劣势。

①导游：做导游能走遍祖国大好河山，但理想很丰满，现实太骨感。每天起早贪黑，游客吃了，导游才能吃饭，游客睡下了，导游才能睡，旺季甚至有时不给导游安排房间。导游接团有时必须早晨四五点钟带着上万的团款一个人在冷清的街道等出租车，旺季经常连续几天无休息，马不停蹄，晒得比炭还黑，当然导游也有好处，就是收入较高。即便有些小公司给的底薪低，但是各种佣金可以在带完团后马上拿到手。

②酒店：绝大多数新人要从基层服务员做起，一般来说，女生从事服务业较多，只有少数男生从事这个行业，并且有可能做到管理层。对女生来说，大学毕业再从事酒店业，年龄成本很高。如果想要做到管理层，需要付出艰苦的努力。

③旅游咨询策划公司：这类公司人员需求量不大，门槛也较高，较难进，通常求职者需要高学历如硕士研究生等，或者毕业于重点大学等。

④公务员或事业单位：比较对口的单位有旅游局等，如果要报考其他部门，相比经济管理、行政管理等专业来说优势不足。大多数情况下只能报考专业不限的职位，而这种职位往往竞争很激烈。

⑤转行：读了四年的专业没有用武之地，的确可惜。但如果确定对本专业的对口职业缺乏兴趣，毕业时马上转行不失为明智之举。

目前来看，大学生毕业后就业与所学专业不对口的现象已经十分普遍，关键是看个人如何准确定位、分析自身的优势和劣势、提升核心竞争力，找到合适的切入点，在新行业找到一席之地。

专题2·弄懂职业、专业与行业

一、职业与行业

（一）行业的划分

所谓行业，是指国民经济中的各个具体的产业部门。在英文中，"行业"和"产业"（Industry）二者可以通用：当它泛指国民经济中的各个具体产业部门，如工业、农业、服务业等时，可以理解为"产业"；当它指更具体的行业部门，如钢铁业、纺织业、食品业、造船业等时，可以理解为"行业"。

《国民经济行业分类》国家标准于1984年首次发布，分别于1994年、2002年、2011年和2017年进行了修订。目前所用标准为2017年修订版，国家标准化管理委员会于2019年3月25日批准，自2019年3月29日起实施。《国民经济行业分类》（GB/T 4754—2017）对行业门类、大类、中类和小类进行了调整。新行业分类共有20个门类、97个大类、473个中类、1 380个小类。与2011年版相比，门类没有变化，大类增加了1个，中类增加了41个，小类增加了286个。主要分类如下：A类农、林、牧、渔业；B类采矿业；C类制造业；D类电力、热力、燃气及水生产和供应业；E类建筑业；F类批发和零售业；G类交通运输、仓储和邮政业；H类住宿和餐饮业；I类信息传输、软件和信息技术服务业；J类金融业；K类房地产业；L类租赁和商务服务业；M类科学研究和技术服务业；N类水利、环境和公共设施管理业；O类居民服务、修理和其他服务业；P类教育；Q类卫生和社会工作；R类文化、体育和娱乐业；S类公共管理、社会保障和社会组织；T类国际组织。

（二）如何确定行业

行业与职业不同，行业是组织的集合。从事同类产品的生产销售类组织或提供类似服务的组织达到一定的数量才能形成一个行业。例如，家电行业，包括生产电视机、空调、冰箱、洗衣机等不同类型具体产品的若干企业。在同一行业内，可以从事不同的职业。例如，同在保险业，可以做保险业务员，也可以做人力资源部经理。

不同的人可能在不同的行业、不同的组织从事同一种职业，也可能在同一行业或同一组织中从事不同的职业。了解将来可能从事的职业属于哪一个行业，可以提高高职生探索工作的效率。因为同一行业的职业在工作对象、工作方式和工作要求方面都具有较大的相似性。在确定自己未来将要投身的行业时，高职生主要可以从以下三个方面来考虑。

1. 自我特征

每个学生都可以根据自己的兴趣、性格、气质、价值观和能力等特征，大致锚定自己今后想要从事的行业。比如咨询、服务行业大都是要为客户解决问题的，喜欢助人、全心全意为客户提供解决问题方案的人会比较适合；广告行业往往比较讲求创意，工作氛围也较为高效率和活跃，适合喜欢接受新鲜事物、乐于挑战和富有创新精神的人。

2. 专业

从某种程度上说，专业对一个人未来从事的行业是有较大影响的。尽管很多学生不喜欢自己的专业，或者觉得自己的专业比较冷门，不好找工作，甚至表示今后求职时会放弃自己的专业，但是这样的高职生仍需要学好自己的专业。因为，刚毕业的高职生，大都没有工作经验和背景，专业往往会是这个社会识别自己的名片。一般不建议高职生完全放弃自己的专业，但是，可以在选择职业时打"擦边球"，在自己的专业领域内选择更适合自我能力的职位。

3. 行业发展前景

随着科学技术的飞速发展，某些行业会成为夕阳产业，逐渐萎缩，然而也有许多极具发展前途的朝阳行业不断出现，并发展起来。同时，高职生还要注意国家政策，要了解国家对某一行业是支持、鼓励和引导，还是限制、控制和制约，要尽量选择那些有前景、发展空间较大的行业。

随着我国经济、社会文化和科学技术的发展，产业结构也在不断发生变化。经常关注权威机构发布的分析和预测，关注未来有较大发展潜力的行业和急需人才的行业，才是高职生应做的事情。

二、职业与专业

在高等教育中，专业是高等学校教学的基本单元，是学校与社会的结合点，是学生选择学校和职业的主要依据。

（一）专业的定义

专业是指高等学校或中等学校根据社会分工的需要而划分的学业门类，是行政管理部门进行教育统计和人才预测等工作的主要依据，也是用人单位选用毕业生的重要参考。

高等教育的主要功能之一是对学生进行专业教育，培养学生的专业能力。专业教育是随着学科分化和职业分化而产生的。专业教育在于专业知识的传授,训练学生的某一项技能,为学生能尽快地参加社会建设做准备。专业教育所培养的是某一行业的专家,满足的是人或社会的工具性和实用性需要。大学专业教育的内容主要是教授受教育者一些专业知识,如工、农、医、财经、法律、管理等专业的应用性知识,以使受教育者在接受了专业教育之后能从事相关专业的实际工作。

(二)我国高等学校的专业设置

在高等教育大众化的背景下,高等院校的结构呈现多层次性和多样化趋势,这是由社会对人才需求的多层次性和多样性决定的,也是由大学发展水平和发展阶段不同决定的。不同类型、不同层次的高等教育机构具有不同的社会职能、培养目标、办学模式和价值取向。参照国内外的分类方法,我国的高等学校分为研究型、教学研究型、教学型三大类。研究型大学的定位是精英教育,其专业设置是面向全国的经济社会发展需要,侧重于基础理论学科、国家重点发展的学科和具有相对优势的学科,以国家发展所需要的知识和技术创新为主要任务,为全国的发展服务。教学研究型大学主要面向地方,为区域的经济社会发展需要而进行学科建设和专业设置,培养各类具有高新技术研发和应用能力的高级专门人才。教学型大学则主要定位于实用性的应用技术教育,主要承担高等教育大众化的任务,根据其区域服务定位,面向生产一线岗位设置专业。教学型大学又可分为技术应用教学型高校(一般本科院校)和技能教学型高校(高职高专院校),其培养人才类型和服务领域也有区别。一般本科院校培养从事生产、建设、服务和管理的各类技术应用型高级专门人才;高职高专院校培养在第一线从事生产、建设、服务和管理的各类技能型人才,承担大众化教学任务的高等学校通过培养掌握并善于应用科学知识和技术的人才,将高新科学技术转化为生产力,促进社会的发展和进步。

(三)职业与专业的关系

高职生进入学校后应尽早了解所学专业的培养目标、人才培养规格要求与知识、能力、素质结构,了解专业的就业去向及与专业相关的职业。了解这些知识要作调查研究,你可以从辅导员或专业教师那里获得帮助,因为他们掌握着比较全面的知识和信息,可以到人才市场进行调查,去招聘现场调研,可以到学校就业指导部门了解本专业的就业状况,也可以通过网络获得提示信息,从国家发布的行业动态中获取信息。

对所学专业和就业方向有了详细的了解后,高职生要根据对自身性格、兴趣、能力、知识、职业倾向等方面的认识和了解,明确职业发展方向,也就是职业定位。然后,高职生再考虑与专业的关系,明确自己首选的职业与所学专业的关系属于以下哪种类型。

①专业包容职业:自己选择的职业与所学专业高度一致,要求学精专业。

②专业与职业部分重合:以专业为基础发展职业,有重点地沿着某些方向发展,要求学好专业,辅修其他喜欢的专业,最好与专业相近,互为补充。

③以专业为核心:以专业为核心发展职业并有较大的扩展,学好专业,选修与职业发展一致的课程。

④专业与职业相切:职业发展与专业基本无关或者在专业边缘发展职业,保证专业合格,辅修其他适合的专业,有可能的话争取调换专业。

⑤专业和职业分离：职业发展与专业完全无关，个人选择的职业和所修专业很不符合，尽量调换专业，如果不行，辅修其他专业。

高职生一旦确定了自己想从事的职业与所学专业的关系后，就可以有目的地指导自己更好地学习专业，相反，学好专业也会促进职业的发展。

所谓学以致用，狭义上是指"专业对口"，广义上则是指毕业生无论将来从事何种类型的职业，其工作性质都与所学专业有密切的联系，可以是本专业范围内的工作，也可以是相近专业的工作。学以致用，可以充分发挥自己的专业特长，在工作中如鱼得水，脱颖而出，取得事业上的成功，同时也能避免人才浪费。许多用人单位在选择人才时，除了考虑专业，往往非常注重其综合素质。那些走出校门很快能融入社会并被用人单位认可和接受的大学毕业生，都是在知识准备、能力准备和观念心理准备相对充足的前提下才获得发展机会的。即便他们遭遇挫折，也能依靠自身实力重新调整。而另一些求职失败者往往是因为这三个方面的发展不均衡，而非专业选择错误。

专题 3 · 职业分类与职业资格认证

在职业分类的基础上，国家对多种职业实施就业准入制度，职业资格证书已成为从业的必备条件之一。所谓就业准入，是指根据《中华人民共和国劳动合同法》和《中华人民共和国职业教育法》的有关规定，对从事技术复杂，通用性广，涉及国家财产、人民生命安全和消费者利益的职业的劳动者，必须经过职业培训，并取得职业资格证书后，方可就业上岗。原劳动和社会保障部（现为人力资源和社会保障部）根据国家经济社会发展的要求，以及各行业职业的特点、性质，从 2000 年起在全国范围内对 90 个职业实行就业准入制度。

就业准入制度及其范围是根据国家职业资格证书制度实施步骤与总体目标并结合部分职业的特点、要求确定的。某些职业由于技术性、专业性强，很早就实行了职业资格证书制度，如律师、注册会计师、电工、锅炉工等。随着我国经济的飞速发展，科学技术水平的不断提高及各行各业规范化的发展，一些原来没有规定的职业也将逐步实施职业资格证书制度，最终目标是绝大多数职业岗位都将实施职业资格证书制度。

高职生要对职业资格、职业资格证书制度、职业资格证书的作用、职业资格证书的等级体系、常见的职业资格考试有清晰的认识，了解不同职业的技能要求，必要时通过考取职业资格证书扩大职业选择的范围。

一、职业资格的含义

职业资格是指从事某一职业所必备的学识、技术和能力的基本要求。根据原劳动和社会保障部联合颁发的《职业资格证书规定》将职业资格分为从业资格和执业资格两种。

从业资格是指从事某一职业的学识、技术和能力的起点标准，即从事某种职业的起点资格、起码水平。从业资格通过学历认定或考试取得。

执业资格是指政府对某些责任较大、社会通用性强、关系公共利益的职业实行准入控制，是依法独立开业和从事某一特定职业的学识、技术和能力的必备标准。执业资格通过考试取得。例如，会计证是从业资格证书；执业医师证书、注册会计师证书属于能独立开业的执业资格证书。

从业资格和执业资格同属于职业资格,反映了职业资格含义的不同层次。获得从业资格只能证明已达到从事某种职业所需掌握知识、技能的最低要求,而获得执业资格则反映其专业知识、技能水平达到一定水平。

职业资格分别由人力资源和社会保障部通过学历认定、资格考试、专家评定、职业技能鉴定等方式进行评价,对合格者授予国家职业资格证书,分为从业资格证书和执业资格证书。

二、职业资格证书制度的含义

职业资格证书制度是指按照国家制定的职业标准或任职资格条件,通过政府认定的鉴定评价机构对劳动者的技能水平或职业资格进行客观公正、科学规范的评价和鉴定,对合格者授予相应的国家职业资格证书。职业资格证书制度是劳动就业、用人制度的一项重要内容,也是一种特殊形式的国家考试制度。

根据前面所述,职业资格分为从业资格和执业资格两种,与这两种资格相对应的从业资格证书和执业资格证书构成了国家职业资格证书体系。也就是说,我国对一般性的职业,要求上岗者上岗前须取得从业资格证书,若进入一些关键岗位、职业岗位或独立开业则须取得执业资格证书。

三、职业资格证书的作用

职业资格证书是劳动者具有从事某一职业所必备的学识、技术和能力的证明。与学历文凭证书不同,职业资格证书与某一职业能力的具体要求密切结合,反映特定职业的实际工作标准和规范,以及劳动者从事这种职业所达到的实际能力水平,所以它是劳动者求职、任职、独立开业的资格凭证,是用人单位招聘、录用劳动者的重要依据。

目前,越来越多的单位在招聘时开始注重求职者有无职业资格证书,如程序员证、注册建筑师证、会计与电算化证、统计证、驾驶证、厨师证、电工证等。我国将在许多专业领域尽快实施职业资格证书制度,并逐步实现和世界各国的资格互认。教育部门也强调学历证书和职业资格证书两证并重。可见,在未来职场中,职业资格证书将越来越重要。

四、高职生应当如何看待职业资格证书的作用

随着社会主义市场经济的发展,人才市场对从业人员的素质要求越来越高,要求求职者既要懂得从业岗位相关理论知识,又要掌握相关的实践经验和技能。在就业形势越来越严峻的今天,高职生考取职业资格证书,有利于促进全面发展,增强其就业竞争力。高职生的知识和能力结构应该是理论够用、专业知识扎实、操作技能过硬、适应能力强、实用本领多。从这个意义上说,高职生在校期间,在取得学历证书的同时,还应该取得一个或几个职业资格证书,使自己既具备第一岗位的任职能力,又具备转岗的适应能力,增加就业机会,扩大从业的选择性。高职生通过考取职业资格证书,能有效克服专业过窄、忽视个性发展、适应能力差等弊端。高职院校应提高学生的综合素质,促进学生主动适应市场需求,提升择业竞争力,缩短岗位适应期,从而实现与市场需求的"零距离"接轨。

但是,高职生不应该盲目参加各种职业认证或者职业资格证书考试,一定要结合自己所

学专业、个性特征和职业目标等,考取相关的职业资格证书。只有这样,获得的职业资格证书才能发挥它应有的功效。

专题4·职业目标探索

　　随着社会的不断进步,社会职业的发展变迁出现了不断加快的趋势。不适应社会发展的职业逐渐消失,新的职业不断产生,并且不同的社会发展阶段会出现相应的热门职业、冷门职业,从而导致高职生的职业价值取向等方面发生深刻的变化。高职生要了解这些职业的变化趋势,用发展变化的眼光看待职业环境,并且尝试着了解目标职业的发展趋势,这样可以更好地确定职业方向。

一、职业变化总体趋势

(一)单一基础向跨专业、复合型转化

　　从目前就业的总体情况分析,职业岗位的要求和劳动方式逐步由简单向复杂方面转化,过去单一技能就能胜任的工作,现在由于职业内涵的扩大,往往需要相关专业的许多知识和技能,更多地需要跨专业、了解某几个领域的复合型人才。

(二)封闭型向开放型转化

　　随着改革开放的深入,职业岗位的工作范围和面向的服务对象越来越广泛,接受信息的渠道也必须扩大,人们相互之间的交往和协作大大加强,要求人们具有开放的观念和心态,彻底摆脱封闭的状态。另外,开放型也体现在职业岗位的工作性质上,即增加了一些以人与人之间联络、沟通、信息咨询和交易为表现形式的内容。

(三)传统工艺型向信息化、智能化转化

　　传统工艺型在科技含量上相对滞后,在技术更新速度方面比较缓慢,有时跟不上时代前进的步伐。生产力发展的关键之一是增加职业岗位的科技含量,改善劳动组织和生产手段,提高劳动生产率。能熟练应用信息管理方法的智能型操作人员,是今后职业岗位更新、工作内容更新需要的新型人才。

(四)传承型向知识创新型转化

　　知识经济的到来,要求社会成员必须不断树立创新意识,在自己的职业岗位上进行创造性劳动。当今社会发展变化迅速,完全以继承方式获得劳动技能和方法大大落后,国家的知识创新工程,将科技成果迅速转化为生产力,生产效率的迅速提高改变着现有职业岗位的职业特征。今后,只有知识创新型人才才能更好地胜任岗位职责。

(五)第三产业、社会服务业发展壮大

　　社会生产力的提高解放了劳动力,人们越来越多地需要社会服务行业为他们排忧解难、提供方便。信息传播与管理行业的各种职业,文化教育事业,休闲、娱乐、保健等事业,提供各种各样服务项目的社区服务业,将迅速发展壮大,大量新职业不断涌现,成为吸纳社会劳动力的主要渠道。

二、对未来职业发展的展望

（一）未来十年中国社会的主导职业

我国的人事管理机构根据全国各类专业协会的有关统计资料,对我国未来急需的人才进行了分析和预测。从技术和产业发展的角度来说,今后几年我国将大力发展六个技术领域:生物技术、信息技术、新材料技术、新能源技术、空间技术、海洋技术。六个技术可形成九大高科技产业:生物工程、生物医药、光电子信息、智能机械、软件、超导体、太阳能、空间产业和海洋产业。另按照人力资源和社会保障部的有关统计预测,我国今后几年内急需人才主要有以下八类:以电子技术、生物工程、航天技术、海洋利用、新能源新材料为代表的高新技术人才;信息技术人才;机电一体化专业技术人才;农业科技人才;环境保护技术人才;生物工程研究与开发人才;国际贸易人才;律师人才。

（二）未来十年中国最有发展前景的行业

根据社会学家和经济学家的预测,随着中国市场经济的发展和经济结构的调整,各行业在社会发展中的地位和发展潜力也在发生变化。某些行业的社会需求加大促进了这些行业的蓬勃发展,并成为未来社会发展的主导产业。据有关专家的预测,未来十年有巨大发展潜力的有以下行业。

（1）人工智能

人工智能(Artificial Intelligence),近几年一直是热门行业。它是研究、开发用于模拟、延伸和扩展人的智能的理论及应用系统的一门新的技术科学。

（2）新零售

新零售就是企业和互联网相互依存,通过运用大数据和人工智能等先进的技术手段,将商品的销售手段改变成网络销售,甚至主攻网络销售的方式,甚至会将线上服务和线下体验相结合,这是一种零售新模式。只有线上线下和物流结合在一起,才有可能产生新零售。

（3）互联网行业

大数据时代让世界紧密地联系在一起,互联网的发展日新月异,在互联网行业最热门的有手机软件、手机游戏、视频、搜索等。从技术的角度来说,像PHP、JAVA、UI设计等,尤其是移动端软件的开发需求巨大,将会带来许多高薪高优职位,如大数据开发、云计算、搜索、移动互联网等。

（4）互联网金融

互联网金融(Internet Finance)是指一种传统金融机构与互联网企业利用互联网技术和信息通信技术实现资金融通、支付、投资和信息中介服务的新型金融业务模式。但互联网金融不只是互联网和金融业的简单结合,而是在实现安全、移动前提之下,适应新的需求而产生的新模式及新业务。其实这也是对金融行业的一种冲击,会给传统银行业带来很大的压力,这也说明了互联网金融的繁荣发展。

（5）网络安全

"十四五"规划明确推进网络强国建设,加强网络文明建设,发展积极健康的网络文化,全面加强网络安全保障体系和能力建设。这是国家从战略高度把网络建设上升到了一个顶尖层面。随着新一代信息技术的发展,网络将更加深入千家万户,融入社会生活和经济发展的各个方面。

在未来,无论是在物联网、人工智能等新兴领域还是在传统计算机科学技术领域,网络安全是始终不可缺少的重要组成部分,在整个网络安全产业中占有举足轻重的地位。因此,网络安全专业的就业前景十分广阔,是一个不折不扣的朝阳行业,也是为数不多的职业寿命很长的计算机类工种。

（6）新能源行业

2022年1月29日,国家发展改革委、国家能源局印发《"十四五"现代能源体系规划》,阐明我国能源发展方针、主要目标和任务举措,是"十四五"时期加快构建现代能源体系、推动能源高质量发展的总体蓝图和行动纲领。

绿色产业已成为重要投资领域,清洁低碳能源发展迎来新机遇。清洁低碳、安全高效,是现代能源体系的核心内涵,也是对能源系统如何实现现代化的总体要求。

（7）医疗保健行业

随着我国进入小康社会,人们的生活水平和收入水平同时提高,几十年前的一些生活陋习被摒除,人们对健康也越来越重视。因此与健康息息相关的药品健康和食品健康都是当下最有发展前途的行业,而与食品养生相关的从业人员的前景也越来越光明。

（8）旅游行业

近年来,随着生活水平的进一步提高和旅游条件的完善,人们对旅游的热情也越来越高,同时资本市场对旅游产业的投资热情高涨,也反映出旅游行业在中国的巨大发展潜力。总的来说,国内旅游市场前景广阔、需求潜力大,同时对旅游相关行业的从业人员来说也是一次大的机遇。

（9）老年用品和服务行业

人口老龄化将是今后我国很长一段时间的基本国情。我国人口老龄化呈现出数量多、速度快、差异大、任务重的形势和特点。截至2022年底,全国60岁及以上老年人口达2.8亿,占总人口的19.8%。据测算,预计"十四五"时期,我国将进入中度老龄化阶段,届时,60岁及以上老年人口总量将突破3亿,在总人口中的占比将超过20%。面对如此庞大的群体,老年用品和服务市场需求必将不断攀高。但目前,市场上为老年人提供的产品却寥寥无几,供需之间存在着巨大的差异。国内的老年用品和服务行业还欠完善,涉及养老机构、医疗保健产品、旅游等领域的老年服务产品亟待开发。

三、高职生应如何应对职业环境变化

随着社会的进步和科学技术的发展,社会职业结构变迁越来越快,职业种类越来越多,职业流动越来越频繁,第三产业职业数量大量增加。面对这些职业环境变化,高职生在制订职业生涯规划时,应该如何应对?

（一）高职生要转变职业观念,拓宽职业选择面

高职生要转变对职业的固有观念,主动适应社会职业发展的趋势。首先,新职业种类的大量出现无疑扩大了择业范围,高职生在择业时虽然不能不考虑"专业对口"或所求职业与所学专业基本一致,但也应当放宽眼界,无须拘泥于以往传统的职业种类的狭小就业范围内。其次,职业的频繁流动使高职生的初次择业并不一定就意味着是终身绝对不变的职业

选择,随着各种条件的变化,已经就业的毕业生也许还将会面临二次择业甚至多次择业的可能。因此,高职生应当用发展的眼光看待自己的初次择业,能实现自己的职业理想当然更好,如果不能,也不要一味地等待或悲观失望,重要的是要先就业,这样才具备生存和发展的基础。最后,当前我国再就业工程出现了潜在岗位大于现有岗位、客观空间大于主观空间两大现象,前者是指社会在不断发展,新的职业岗位不断出现,而用人单位和求职者往往难以捕捉或意识到;后者则表现为求职者职业期望值普遍高于现实需求,不敢或未能充分占有就业新领域。尤其是我国第三产业发展潜力巨大,从业人数的比例偏低,与发达国家相比差距较大。大学毕业生要摒弃第一产业、第二产业创造财富而第三产业不创造财富、低人一等的思想观念,勇敢投身于第三产业的发展潮流中。

(二)高职生要树立终身学习观念,适应职业变化的要求

随着科学技术和经济社会的发展,新的职业不断涌现,职业活动的内容在不断更新变化,职业的专业性增强,并向综合化、多元化方向发展。因此,对大学毕业生来说,未来的挑战是多方面的。一个非常实际的问题就是知识的贫乏和老化。

当今社会,知识经济已经开始占据国民经济的主导地位,教育在社会发展和个人生活中的地位越来越重要,终身教育和终身学习已成为每个高职生适应职业要求的必然选择。今天,谁都不能在自己的大学或青年时代就形成足够一生使用的原始知识宝库,因为社会的迅速发展要求不断更新知识。此外,人们的职业活动周期缩短,带薪工时总数减少,退休后的寿命延长,均增加了从事其他活动的时间。为了提高人的综合素质和生活的质量,也需要进行终身教育和终身学习。

高职生踏上工作岗位后,往往认为学习生涯已经终结,有的甚至天真地认为在大学里所学的知识完全能够应对工作中遇到的问题和发生的事情。这种认识不仅是有害的,而且是危险的,无论对个人的发展,还是对适应社会来说都是不利的。其实,由于知识老化加速,在人的一生中,大学阶段只能获得需用知识的10%左右,而其余90%左右的知识都要在工作中不断学习获得。因此,只靠在校学习是远远不够的,也就是说"一次教育"的观念已经过时,高职生应该树立"二次教育"、终身教育的观念,通过终身学习建立一个不断演进的知识体系;否则,即使一时光彩夺人,也难免"江郎才尽"。

(三)高职生要树立终身职业生涯发展观

高职生要树立终身职业生涯发展观,不断开拓职业发展新道路。所谓职业生涯,就是一个人一生的职业历程。因为人的生命价值基本上是通过职业劳动体现出来的,因此,从某种意义上说,职业生涯就是一个人的人生历程。

根据职业历程划分,职业生涯一般分为五个时期:①职业准备期——确立职业意向,进行知识、能力、心理、体质等准备,等待就业;②职业选择期——实际选择职业,由潜在的劳动者变为现实的劳动者;③职业适应期——适应新的人际关系、生活环境和生活方式,职业生活逐渐安定;④职业稳定期——从事职业劳动、创造业绩、成就事业的黄金时期;⑤职业结束期——由于年老体弱或其他原因丧失了职业能力或职业兴趣,从而结束职业生活历程。对高职生来说,职业准备期和职业选择期特别重要。前者是高职生实现职业理想、顺利进入职业生活的基础和保障,因此职业准备必须充分;后者是高职生迈向职业生活的开端,成功的

职业选择等于开辟了崭新的充满希望的生活之路,失败的职业选择等于给自己设置了前进的障碍,潜伏下未来职业生活的危机,因此职业选择必须慎重。

出于职业流动越来越频繁和不能适应原职业而产生的失业现象时常发生等原因,人的职业历程可能不止一个,有的甚至出现多次"准备—选择—适应—稳定—结束"的反复。可见,对有的人来说,职业稳定期是相对的。正因为如此,高职生要树立终身职业生涯发展观,只有这样,才能在职业挫折面前避免失落、烦闷、痛苦等不良情绪的干扰,以积极、乐观的心态面对现实,积极准备,审时度势,把握机遇,不断开拓自己职业发展的新道路。

模块五

职业生涯决策——定位职业生涯之锚

学习目标

1. 了解职业决策的概念。
2. 了解职业决策理论与模型。
3. 了解职业决策的影响因素。
4. 了解职业决策的原则与方法。

　　高职生在认识自我、评估环境之后,就要根据认识自我的结果和所了解到的职业信息对职业进行选择与决策。

专题 1 · 职业决策概述

一、职业决策的概念

决策是个人在两个以上可供选择的方案之间挑选、决定的过程。所以,决策是个人在众多可行的方案中,选择令自己最满意的方案的过程。这个过程看似简单实则不然,因为其中包含许多复杂的决策因素。

决策理论源于经济学,主要指一个人在面对生涯、职业或升学抉择时,所作的选择尽量要能够获得最大收益或最小损失。所以整个决策过程就牵涉客观的可能性与价值、个人的价值观两个方面的问题,管理学上称为"期望效用理论"。个人在作抉择时,将所有可能影响决策的事项,包括所有可能的方案,如每个方案的可能性及阻碍、个人对决策之后可能导致结果的期望等,逐一清楚地列出来,而个人的最后决策则取决于他自己主观的自我概念及价值观对这些主观因素的评估结果。效用除指可能导致的结果之外,还包括达成决策目标所需成本及风险性和效用有关的一些考虑。因此,最后的决策其实是个人对于价值及可能性二者主观的组合。

但个人的职业决策不等同于经济活动的决策,个人对职业的价值期望,如经济收入、兴趣偏好、自我发展、社会地位等,是与经济决策中的效用不同的。另外,决策者个人的价值观、态度、经验、认知方式等都是影响决策行为的重要因素,只有深入研究这些因素,才能阐明和认识职业决策过程。

早期的生涯理论虽然认为决策是很重要的过程,但是将此过程视为自然发生的,也就是在所有的资料准备齐全之后,决策过程就自然地发生。例如,美国职业辅导先驱帕森斯就认为,职业辅导员在帮助个人选择职业时,只要提供充分且正确的资料,个人就能做出正确的决定。显然,帕森斯强调资料的重要性,认为决策只是次要的必然结果。但是,职业辅导的种种经验表明,并不是提供资料就能帮助个人做好职业选择,因此,许多学者便开始注意决策过程在生涯发展中的重要性。席勒在对人类冒险行为的研究里特别引出一个研究取向,那就是重视决策过程中个人的行动,而不是强调决定过程前的资料收集、整理与分析。另外,在目前这个快速变化的社会里,帮助个人如何"适应"要比帮他做某个特定的选择更重要,不论是持发展论还是行为论的生涯发展学家均肯定决策过程的重要性,并且视决策为最有效的职业或升学抉择所必备的认知技能。于是决策过程就由刚开始的配角渐渐成为众人瞩目的主角,在生涯发展中占有日趋重要的地位,到后来变成生涯理论里的一个派别。归纳各相关文献的看法,属于生涯决策的理论主要有奇兰特的职业决策过程模式说、克朗伯兹的职业生涯决策社会学习论和泰德曼的决策历程说。

二、职业生涯决策的理论

（一）奇兰特的职业决策过程模式说

奇兰特认为决策是一连串的决定,任何一个决定都会影响其后来的决定,也会受先前决策的影响。因此,决策是一个发展的历程而非单一的事件。这也说明生涯决策不是一个结果,而是持续不断地作决定及修正的终生历程。决策的基准在于选择有利因素最多和不利因素最少的方案。这个模式特别强调资料的重要性,奇兰特将个人处理资料的策略分成三个系统。

一是预测系统。预测不同的选择可能会产生的结果,并估算每个行动可能产生该结果的概率,将估算的概率作为采取哪个行动方案的参考。

二是价值系统。个人对各种可能的行动的喜好程度。

三是决策系统。评判各种行动方案的标准,其选择的取向分为:①期望取向,就是选择可能达成自己最想要的结果的最终方案;②安全取向,选择最安全、最保险的方案;③逃避取向,避免选择可能产生不好结果的方案;④综合取向,就是考虑自己对行动结果的需求程度、成功的概率并避免不好的结果。

权衡这三个系统,然后选择一个行动方案。

决策的具体步骤是:①根据自己的需求制订目标;②收集资料,以了解可能的行动方向;③根据所得的资料,预测各个可能的行动方案的成功率及其结果;④估算个人对每个行动方案的喜好程度;⑤评估各种可能的行动方案,选择其中一个方案执行;⑥若实现目标则终止决策,然后再等待下一个决策;⑦若没有成功,则继续调查其他可行的办法。

(二)克朗伯兹的职业生涯决策社会学习论

社会学习论是由班杜拉所创,强调个人独特的学习经验对其人格与行为的影响。克朗伯兹将其观念引用到生涯辅导上,用以了解在个人决策过程当中,社会、遗传与个人因素对决策的影响。克朗伯兹认为影响生涯选择的因素包括遗传因子与特殊能力、环境情况与特殊事件、学习经验和工作取向与技能。

克朗伯兹发展出的生涯决策模式可分为以下七个步骤:

①界定问题:厘清自己的需求及时间或个人限制,并制订明确的目标。

②拟订行动计划:思考可能实现目标的行动方案,并规划实现目标的流程。

③澄清价值:界定个人的选择标准,作为评价各项方案的依据。

④找出可能的选择:收集资料,找出可能的方法。

⑤评价各种可能的选择:根据自己的标准评价各种可能的方案。

⑥系统地删除:有系统地删除不适合的方案,挑选最合适的方案。

⑦开始行动:开始执行行动方案。

(三)泰德曼的决策历程说

泰德曼结合萨柏与金斯伯格的生涯发展观点,提出整个决策过程是由预期、实施与调整两个阶段不断地进行组合而形成的。

1.预期阶段

预期阶段是个人采取各种方式,先拟订出几个可行的方案,然后考虑澄清各个方案的利弊得失,并且预计可能的结果,最后做出具体的选择。

2.实施与调整阶段

该阶段是将选择的方案落实于现实生活,然后评估其结果,并根据个人对结果的满意程度,对方案进行调整或改变。金树人曾经总结认为,生涯决策理论的一个重要观点就是把职业选择作为一个持续不断的历程,而非发生在单一事件上。同时他还提出下列大多数人认同的决策步骤:①探索不同的可行方案;②比较不同方案结果的得失;③根据对结果的详细预估而做出选择;④接受事实的考验;⑤评估实施的结果再作决定。

总之,决策理论重视个人生涯发展的历程和抉择,并且由于涉及个人的价值观,因此除了收集正确的客观资料,更重要的是要针对个人不同的价值观加以了解、澄清。虽然有大多数人认同的具体步骤可供参考,但是个人主观的价值评论才是最重要的决策依据。另外,决策理论者主张,有效的决策能力比单一的生涯决策更重要,故现阶段的生涯辅导人员在帮助别人时不能只给他鱼吃,更注重教他抓鱼的技巧。

三、职业决策中存在的问题

（一）就业期望值过高,就业观念落后

就业期望值过高是高职生就业困难或失业的重要原因之一。随着大学毕业生数量的快速增长,高职生的优势地位已经逐渐消失。但是,一部分高职生的就业期望值仍居高不下,在一些高职生的思想意识里仍保留着自己是"天之骄子"的优越感。因此,在高职生职业决策过程中对理想职业的选择要求是待遇好、工资高、有地位。在这种心理的驱使下,高职生选择职业的面很窄,直接后果是增加了高职生求职的失败率和困难。由于高职生求职就业时对自己和社会认识不够、评价不准,他们在职业决策时对工作单位的地理位置、工资待遇、工作环境、专业吻合度等要求过高。

部分高职生及其家长仍然停留在传统的就业观念,认为就业是一辈子的大事,一次就业会给自己定下终身的工作,所以总想去行政、事业单位工作,不愿去民营、个体单位工作,更不敢自主创业。高职生这些落后的就业观念与新形势下的就业需求是极不符合的,导致一部分高职生找不到合适的工作。

（二）盲从现象严重

高职生在选择职业的过程中,很少能够根据人才市场的需求、状态和个人特点合理地确定要选择的职业,而是盲从。一部分高职生选择职业时毫无主见、举棋不定,常常被家长、老师和同学左右,并认为:大多数人选择的我就选,大多数人去的我就去,一定没错。究其原因这些现象主要是高职生缺乏决策能力与经验,在职业决策过程中表现不自信。在这种观念的影响下,他们往往缺乏独立的见解、忽视自身特长,不能根据自己的实际情况作出切合实际的选择,丧失了最能发挥自己潜能的机会。

（三）犹豫不决

由于高职生的理论水平低,学历也不高,与本科生和硕士、博士研究生相比处于竞争劣势,因此部分高职生产生了自卑情绪,在选择职业时不能准确定位,或有合适的职业不敢选择,犹豫不决抓不住机遇,从而错失良机。

【就业事迹】

坚定理想，圆梦澳大利亚

——访重庆文理学院 2013 级风景园林专业杨森

爱运动的阳光少年

杨森是林学与生命科学学院 2013 级风景园林专业的学生。刚入学的杨森是个爱好运动的阳光少年。用他的话来说"如果不运动的话四肢就会生锈"，所以他不放过任何运动的机会，积极地参加各项体育活动。

由于高中时就有足球训练的经历，他加入了学院的足球队。在队长的带领下，在长时间的训练中，整个团队很有默契，在学校组织的大型足球比赛中，球队总是可以进入决赛或半决赛，取得前三名的成绩。

在比赛结束的庆功宴上，球员骄傲地称他们的球队为"星湖联队"。

爱好体育的他还担任班里的文体委员。他带领着同学们积极参加学校组织的各项体育活动。杨森还在班上组建了一支篮球队，作为队长，他带领球队训练、比赛，在学院的比赛中还获得了第三名的好成绩。

运动会上当然也少不了他的身影，虽然长跑不是他的强项，但是在 400 米赛跑、50 米接力赛中都可以看到他奋力奔跑的背影。50 米接力赛他还取得了第一名的成绩。

出国求学早作决定

虽说杨森对体育是极其热爱的，但是他对专业的热情丝毫不少于体育运动。作为学校风景园林专业的第一届学生，毕业在即，当别的同学都在积极找工作时，杨森没有丝毫迷茫。因为在很早以前，他就决定出国继续深造。

"男孩子嘛，出去见见世面才是好的。"这便是杨森想出国的动力。在确定了这一目标之后，他便坚定了自己的信念。

在高考结束后，他就有出国的打算，但是听取各方建议之后，由于不想错过国内大学的生活体验，因此他决定在重庆文理学院完成本科学习之后再出国深造。

在国外就读硕士，首先要看在校成绩，然后是作品集，最后是雅思考试成绩。

大三时，杨森便着手准备作品集。他积极地寻找项目，然后做景观分析和景观设计。当自己的效果图不是很完美时，他就积极地向别人请教，参考各方建议，并找摄影技术较好的同学一起制作摄影作品，历经两个多月的努力，作品集终于完成。对于这份倾注了自己心血的作品集，杨森还是很满意的。

在选择国家时，杨森比较了英国、美国、澳大利亚这三个国家之后，选择了学习时间相对合适、相对安全的澳大利亚。杨森在澳大利亚学习两年，毕业后还可以申请两年的工作签证，这对他来说，不管以后是否在澳大利亚工作，都是一个很好的机会。

专业绩点和雅思考试

在确定国家之后，就要选择学校。选择学校主要看两样成绩，专业绩点与雅思考试分数，专业绩点要高、雅思考试要通过。因为杨森在校成绩较好，平均分为 83 分，专业绩点大于3,可以选择较好的学校,所以他选择了澳大利亚八大名校之一的新南威尔士大学。

在递交个人资料、平时成绩和作品集等资料之后,便可以准备雅思考试,杨森从9月开始着手准备雅思考试。同时,他的女朋友正准备考研,他俩便结伴学习,相互鼓励。

第一次雅思考试没有通过,第二次考试也没有成功,连续两次失败让杨森备受打击,内心感到了深深的挫败。但是爱运动的他终究是个积极向上的人,他又重新鼓起勇气,继续奋战。这一次,他改变学习方法,经过不断的努力,终于通过了雅思考试。他如愿进入位于澳大利亚悉尼的新南威尔士大学。但是这一次的成功只是阶段性的,到国外之后还有挑战等着他。

出国求学专业求精

他刚到学校时,由于还没有完全适应那里的学习和生活方式,在与人沟通上存在很大的问题,在上课时也因为语言问题常常走神,无法集中注意力。为了在上课时能够跟上老师的节奏,杨森开始在课后进行大量的阅读,想通过阅读渐渐熟悉语言环境。

如今杨森在新南威尔士大学已经就读半年了,对现在的学习和生活已经熟悉。他很喜欢新南威尔士大学的教学方式,教学氛围轻松随意,学生可以和老师平等地交流。

"这种自学方式既能让我们接收到更多的信息,也能够激发学习热情。"杨森说道。出国之后,他更加专注于专业的学习,画图画到凌晨已经习以为常,他只想在有限的时间内学习更多的东西。

对于风景园林这个专业,杨森非常热爱。在读本科期间,由于对专业的热情和自己的努力,他获得了两次特等奖学金、三次一等奖学金。现在读硕士的杨森,对于专业的热情只增不减。但是谈到选择这个专业的初衷,他开心地说道:"风景园林嘛,想想都觉得很健康,所以就喜欢了。"

这个理想坚定并且绝不放弃的男孩,终于圆了自己出国求学的梦,他在澳大利亚也更加努力地学习着这个专业,这样的执着和奋斗精神是我们每个人应当学习的。

来自:周清,何独明.大学生职业生涯规划与就业指导[M].北京:北京理工大学出版社,2019.有修改

专题2·职业决策理论与模型

一、CASVE 循环

在进行重大决策时,为了减少风险,我们应尽可能充分地考虑决策所涉及的多方面因素。我们推荐使用计划型(Planning)决策,它由沟通(Communication)—分析(Analysis)—综合(Synthesis)—评估(Valuing)—执行(Execution)五个步骤构成,其英文缩写为"CASVE 循环"(Peterson,Sampson & Reardon,1991),如图5-1所示。创业者进行决策时,可采用如图5-2所示的流程对自己的职业决策进行指导。

(一)沟通

沟通是职业决策过程的第一个阶段。这是个体意识到"我需要做出一个选择"的阶段。

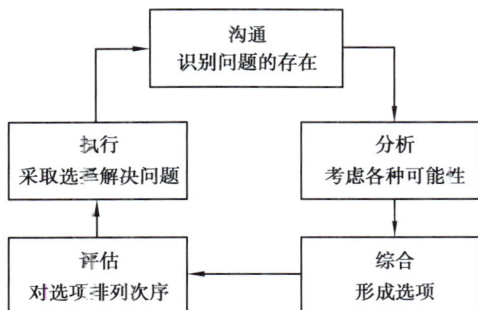

图 5-1 职业决策的 CASVE 循环过程

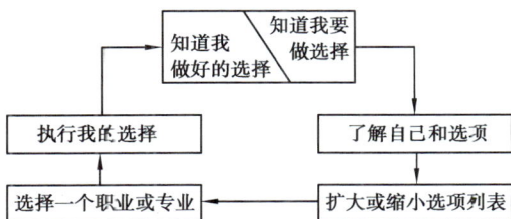

图 5-2 职业决策指导

此阶段的主要任务是,个体通过接触各种内部、外部信息,找到理想与现实之间的差距。个体如果没有意识到自己的需要,则后面的步骤都无从谈起。

（二）分析

分析是职业决策过程的第二个阶段。这是个体了解"我自己和我的各种选择"及对所有信息进行分析的阶段。其中还包括确认要做出的决定——决定的性质、具体的目标、决策的标准等。不少人将目标与达成目标的手段混淆,比如为了学历而读书,但实际上学历只是手段,就业才是最终目的。可以说,分析是决策过程中最容易出现问题的阶段。许多人倾向于用简单化的方式得出结论,直接跳到行动步骤,而未能真正弄清问题的关键,也未能收集充足的信息。

（三）综合

综合是职业决策过程的第三个阶段。这是个体"扩大或缩小我的选择清单"的阶段。个体在分析的基础上,形成可能的解决方法并进一步收集相关信息,确认自己的选择。这里需要注意的是,不要在没有进行探索之前就匆忙决定,这样会限制自己的选择面。

（四）评估

评估是职业决策过程的第四个阶段。一般来说,评估阶段要遵循如下程序。第一,评估每一种选择对决策者自身和他人的影响,做出是或非的道德评判。决策者需要回答这些问题:对我个人而言什么是最好的？对我生活中重要的他人而言什么是最好的？对我所处的社会而言什么是最好的？第二,对列出的各种选择进行优先排序。个体在评估过程中要整合自我知识和职业知识,综合考虑工作机会、资格、工作职责、学校教育成本等因素。

（五）执行

执行是职业决策过程的第五个阶段。这是个体尝试"实施我的选择"的行动阶段。此阶段个体将尝试一个选择,评估其自我适合性。需要注意的是,决策是一个循环的过程,也就是说,在行动之后,还需要对自己的决定及其结果进行评估,由此进入新一轮的决策过程。

二、职业决策平衡单

职业决策平衡单是协助决策者综合与职业选择相关的各个要素,做出科学决策的一种方法和范式。一般来说,如果一个人已经初步确定了几个自己所喜欢的职业选项,并准备将它们作为长期的职业目标时,决策者可以使用职业决策平衡单,帮助自己做出最终决定。利用职业决策平衡单的具体步骤包括:

①列出自己的职业选项,最好能够具体到职位。

②列出自己选择职业时所关注的因素。有效的职业决策往往需要考虑个人物质方面的得失、他人物质方面的得失、个人精神方面的得失和他人精神方面的得失(表5-1)。个体可以按照自己的实际状况做出选择,也可以添加自己觉得比较重要的一些因素。

表5-1 职业决策平衡单细目表

1. 个人物质方面的得失

①收入　　　　　　　　　　　⑥生活变化
②工作的困难　　　　　　　　⑦对健康的影响
③升迁的机会　　　　　　　　⑧就业机会
④工作环境的安全　　　　　　⑨其他
⑤休闲时间

2. 他人物质方面的得失

①家庭经济　　　　　　　　　③与家人相处的时间
②家庭地位　　　　　　　　　④其他

3. 个人精神方面的得失

①生活方式的改变　　　　　　⑤挑战性
②成就感　　　　　　　　　　⑥社会声望的提高
③自我实现的程度　　　　　　⑦其他
④兴趣的满足

4. 他人精神方面的得失

①父母　　　　　　　　　　　③配偶
②师长　　　　　　　　　　　④其他

③评价表5-1中的各个因素对自己的重要性,赋予一定的权重。最重要的为5,最不重要的为1。一般来说,可以先问自己哪些因素是非要不可的,把这些因素挑选出来之后,重复这个操作,直到分出5个等级。

④平衡单的加权记分(完成表5-2的内容)。在"考虑因素"项中填入刚选择的因素;在"加权分数"项中填入权重分数;在"选择项目"中填入自己已有的选项。

⑤评分。在每个选项和因素的交叉格中,根据该方案的优势和劣势进行加分和减分。计分范围为1~10分,1分为最差,10分为最好。

⑥计算分数。计算不同因素的"加权分数"。加权分数=权重×分数。

⑦总分。将选项的加权分数相加,得到该选项的总分,并比较每个选项的分数的差别。

⑧反思。看看自己已经评分完毕的选项,再自问一些问题。例如,这个结果是不是明晰了我原先模糊的选择? 还有什么因素我没有考虑? 这些因素的重要程度需要我再重新考虑吗?

表 5-2　职业决策平衡单的加权计分

考虑因素	加权分数	选择项目					
		职业选择一		职业选择二		职业选择三	
		+	−	+	−	+	−
个人物质 方面的得失	1						
	2						
	3						
	4						
	5						
他人物质 方面的得失	1						
	2						
	3						
	4						
	5						
个人精神 方面的得失	1						
	2						
	3						
	4						
	5						
他人精神 方面的得失	1						
	2						
	3						
	4						
	5						
合计							

三、SWOT 分析

SWOT 分析要遵循如下步骤。

（一）评估内部优势和劣势

每个人都有独特的天赋和能力。一方面,利用表格,可以发现自己喜欢和不喜欢的事情,另一方面,找出自己做事情的优势与劣势,并标出其权重。这些都是职业生涯设计的关键因素。一位高职生分析自身优势的内容可以包括:主要经历和体验分析,如参与社会、学校组织活动以及学校班级干部的实践经验,曾得到的荣誉等;教育背景分析,分析在校期间有哪些专业课程方面的积累,是否参与过某些突出的科研活动等;最成功的事件分析等。一位高职生的劣势可能有很多方面,对成功的职业规划来说,以下两个方面最重要。一是要正确认识性格弱点。高职生必须对性格弱点有正确的认识,并能勇敢面对,因为性格弱点很难改变。例如,一个犹豫不决、瞻前顾后的人很难担当组织管理者的重任,一个独立性强、处处张扬的人很难与他人默契合作。二是要尽量避免经验或经历中的弱点。寻找弱点的方法有:请职业生涯咨询专家分析;利用关键词提问法,不断追问自己以找到问题所在。基于这些分析结果,可以进行两方面的改进:努力改正常犯的错误,提高相应技能;放弃不擅长的职业选择。例如,按照喜欢程度列出你喜欢做的事情,并写出完成这些事情的优势、劣势及相应程度。

（二）评估外部职业机会和威胁

不同的人在不同行业所处的客观情境不同,就会面对不同的职业机会和威胁。外部的职业机会和威胁分析有助于对职业环境及周围各种可供选择的职业前景进行分析,认清周围职业环境和前景,降低职业决策的难度。外部环境分析包括社会热点职业门类分布与需求如何;高职生选择的职业当前与未来的趋势如何,其社会价值观如何,未来的科技发展或企业文化趋势会对个人发展产生何种直接与间接的影响;企业所从事行业的发展状况及前景如何;企业在本行业中的地位如何等。例如,某企业经常受行业不利因素的影响,则该企业晋升机会可能很少。反之,充满有利因素支持的企业能为求职者提供广阔的职业前景。因此,高职生在分析外部环境各因素的同时,要将这些因素分为机会和威胁两大类,然后合理取舍职业发展方向。外部因素掌握得越多,职业发展方向修正得越准确。

（三）职业目标

高职生在完成自我评估和对环境的分析后,可制订毕业后五年最想实现的 4～5 个职业目标。目标越具体越好,包括从事什么职业,取得哪一等级薪酬,处于公司哪个职层。目标设定应紧密联系个人的优势和弱势、行业的机遇和威胁,使之具有可操作性。同时,制订目标之后应该咨询相关专家或亲朋好友,避免目标过于浮夸。

（四）职业行动计划

拟订一份实现每项职业目标的行动计划,并详细说明实现该计划需要的时间和时限、进行的课程或培训,特别是需要寻求的外界帮助以及如何获得帮助。

专题3·职业决策的影响因素

生涯决策困难概念的提出和生涯决策困难问卷的问世,与生涯决策困难相关的研究也随之增多。国外的大量实证研究表明,生涯决策困难与个体本身因素(如性别、年级、情绪、

决策风格等)和社会因素(如父母的参与、社会职业环境、文化差异及学校的职业指导等)
有关。

一、影响职业决策的个体因素

　　分析以往学者的研究结果发现,多数研究指出职业决策困难存在着性别、年级间的差
异。伊塔马尔·卡蒂和诺亚萨卡的研究表明男女生在不合理信念、内部冲突、外部冲突和总
分上存在显著性差异,男性报告的困难要远大于女性,在不一致的信息方面,相比男性,女性
报告的困难更大,在外部冲突维度上存在显著的性别差异。魏成对高职生和高中生的职业
决策困难程度进行探究,研究结果表明,高职生比高中生报告了更少的职业决策困难。李莉
和马剑虹以浙江大学的 420 名毕业生为研究对象,对他们进行了职业决策困难及其影响因
素的研究,结果发现毕业生的职业决策困难主要集中在问题解决部分,在职业决策过程中遇
到的职业决策困难程度存在显著的性别差异和学历差异。

　　在影响个体职业决策困难的影响因素中,个体心理特征也是影响职业决策困难程度的
重要因素。希洛和申哈夫-谢弗对职业决策困难和职业决策风格的关系进行研究,结果表
明,理性职业决策风格与职业决策困难量表的得分呈负相关,直觉决策风格和职业决策困难
量表的得分呈中等强度的正相关。直觉决策风格和职业决策困难的三个具体维度缺乏动
机、错误的信念和内部冲突之间呈正相关。

　　崔西·摩根等对职业决策困难分类与职业决策自我效能、性别角色定位、职业认同发展
阶段之间关系的研究表明:与高职业决策困难者相比,低职业决策困难者有更高的职业决策
自我效能,并且性别角色定位为男性化和雌雄同体;处于较高职业认同阶段的个体有较少的
职业决策困难。罗伯特·埃梅林整合了有关情绪、决策和职业的基本理论,提出了情绪对职
业选择影响的理论模型。

　　彭永新和龙立荣运用"中学生职业决策效能感量表"对中学生进行调查,研究发现,城市
中学生的自我评价、职业目标选择、职业信息收集及制订规划方面显著高于乡村中学生,在
问题解决方面,城市中学生的自我效能感显著低于乡村中学生。同时,他们发现文理科学生
只在收集信息分量表上有显著差异,理科生在遇到收集相关职业信息方面的困难要高于文
科生。

　　周洁采用修订后的《职业决策困难问卷》和《大五人格问卷》,以 640 名高职生为被试进
行施测,结果表明,高职生的职业决策困难处于中等偏下水平,并在性别、年级、专业、是否受
过职业辅导上存在显著性差异。人格对职业决策困难有预测作用,其中外向性对缺乏信息
有负向预测作用,宜人性对缺乏准备、缺乏信息有负向预测作用,神经质对缺乏准备困难、缺
乏信息和不一致的信息有正向预测作用,开放性对缺乏信息有负向预测作用,责任感对缺乏
准备和缺乏信息有负向预测作用。

二、影响职业决策的社会因素

　　在研究影响学生职业决策困难的众多因素中,社会因素主要包括来自社会各方面(家
庭、亲属、朋友、同事、伙伴、党团等组织或个人)给予个体精神或物质上的帮助和支持因素及
社会文化因素等。

于泳红、汪航在论述职业决策困难研究进展对我国职业指导教育启示中指出个体的成长经历、环境和个人特点也会影响其职业决策方式与方法。如在不同的家庭教养方式下成长的个体遇到职业决策困难的程度不同,在过分严厉、专制的教养方式下成长起来的个体或具有某种人格特质(如焦虑型)的个体更有可能出现职业决策困难。

毛指出在职业决策时更多强调家庭愿望而不是个体愿望的个体比其他的个体报告有更多的困难。李娜在张大均教授的指导下对职业决策困难工具进行研究,结果指出根据所在地的经济发展水平,把家庭月收入高于 3 000 元定义为高收入家庭,低于 1 000 元的定义为低收入家庭,结果表明与低收入家庭相比,来自高收入家庭的学生在缺乏决策过程信息、缺乏职业信息和缺乏获得信息的方式三个因子上有较小的职业决策困难。

苏珊对控制点、工作知识和职业决策困难指导者三者之间关系的研究表明:由于缺少职业指导者和职业信息源,少数民族学生经历了更多的职业决策焦虑和职业外控点(相信外在力量决定自己的职业,与职业内控点相对应——相信自己应对自己的职业决策负责),职业外控点常和职业决策困难联系在一起,而且民族和学员类型并不能削弱控制点、工作知识和职业决策困难之间的关系。

张新科研究了生涯决策困难特点及其与应对效能、社会支持关系的研究,结果表明,社会支持水平与生涯决策困难呈负相关关系;不同应对效能与社会支持水平的高职生的生涯决策困难类型存在显著差异。李文道等研究了高职生同一性与职业探索、职业决策困难的关系,研究结果表明,同一性地位类型不同的高职生在职业决策困难上存在显著差异,职业决策困难各维度得分及各维度平均分上大致表现出同一性地位越高,生涯决策困难得分越低的趋势。

专题4·职业决策的方法

一、职业决策的方法概述

事实表明,影响职业决策的因素有很多。有些情况下主要方面没有冲突,但有些情况下却出现冲突。如个人因素与家庭经济状况的冲突:许多有潜力的学生,由于家庭经济状况的制约,不能选择自己理想的职业;有些学生的职业理想和价值观念与父母的观念有严重的冲突,父母看重就业,子女看重实现自我价值。此外,在个人素质上也有冲突。比如:自己喜欢做演员,却没有演员的素质;想当职业经理人,却害怕承担风险。只有将上述各个方面很好地协调,才可能做出理想的决策。

决策有多种方法,下面着重介绍经验法、直觉法、比较法。

(一)经验法

经验法是运用得比较多的方法,往往是找一些有经验的人提供支持。如教师过去指导过许多学生填报志愿,教师在经历了漫长的职业生涯道路后,具有丰富的经验,可以凭借这些经验辅助学生决策。这种方法的缺点是主观意识性强,客观精确性差。

(二)直觉法

直觉法主要借助个人的内在感情和感觉,运用想象力,辅之以知识和背景来作决定。直觉法的优点是简单、迅速,缺点是主观、武断,缺乏科学依据。

(三)比较法

比较法是运用推理、比较和数据资料,综合考虑多方面的利弊得失,找出正面影响多、负面影响少的方案。这种方法比较科学,但是十分复杂,需要的技术和资源较多,决策过程漫长。

二、职业决策方法的具体应用

在职业决策之前,全面考虑影响决策的因素,是实行科学决策的前提。每个进行职业决策的人就像坐在一张"空椅"上,参照图5-3"职业生涯与我"清单上的资料,仔细描绘出自己的个人特质与职业生涯期待,然后逐步汇总,看看是否有冲突和困难,这些冲突和困难如何解决,最后选择一个理想的职业领域。常见的问题如下:

①在个人条件和职业生涯期待下,可以考虑哪些职业生涯目标?

②就职业生涯目标的追寻而言,个人需要哪些职业生涯能力或做哪些准备?

③在这些职业生涯目标的追寻中,个人可能遇到哪些困难?

④如何得到关于这一职业生涯目标的资料?

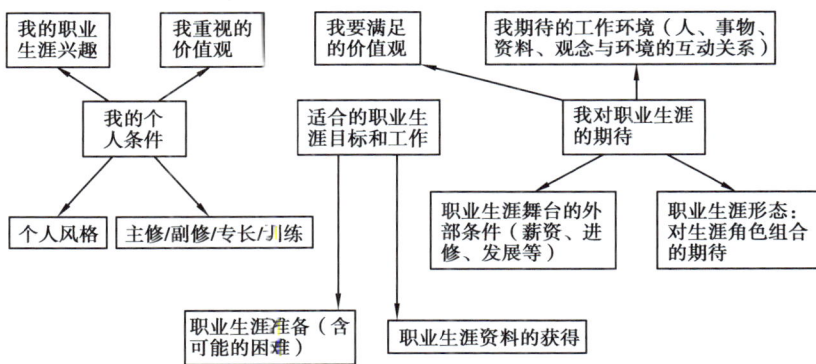

图5-3 "职业生涯与我"清单

通常,个人在进行职业决策时,会面临几种主要的冲突。如能力与兴趣和价值观的冲突。即感兴趣的职业,可能能力不足甚至不具备这些能力,一旦做出违背能力的决策,最终必然是困难重重。理智的选择先以能力为基础,再考虑符合兴趣和价值观的职业。

一般来说,性格与气质会影响职业兴趣和价值观,如果出现能力与性格、气质的冲突,也应该以能力为重。兴趣、价值观、性格的可塑性相对于能力要强得多,因此可以干一行,爱一行。

模块六

职业生涯规划——绘制职业发展航线

学习目标

1. 确定自己的职业生涯目标。
2. 拟订属于自己职业生涯的规划表。
3. 职业生涯规划的实施。
4. 职业生涯目标评估调整。

　　为了实现自己的职业理想,在进行职业生涯发展规划时,我们一定要为自己设立各种目标,这些目标有的离我们很远,有的近在眼前。

专题1·确定职业生涯目标

【故事与人生】

永远走不出的沙漠

比赛尔是西撒哈拉沙漠中的一颗明珠,每年有数以万计的旅游者来到这儿,可是在肯·莱文发现它之前,这里还是一个封闭而落后的地方。这里的人没有一个走出沙漠,据说不是他们不愿离开这块贫瘠的土地,而是尝试过很多次都没能走出去。

肯·莱文当然不相信这种说法。他用手语向这儿的人问原因,结果每个人的回答都一样:从这儿无论向哪个方向走,最后都是转回出发的地方。为了证实这种说法,他做了一次实验,从比赛尔村向北走,结果三天半时间就走出了比赛尔。

比赛尔人为什么走不出村呢?肯·莱文非常纳闷,最后只得雇一个比赛尔人,让他带路,看看到底是为什么。他们带了半个月的水和食品,牵了两头骆驼,肯·莱文收起指南针等设备,只拄一根木棍跟在后面。

10天过去了,他们走了大约800里的路程,第11天的早晨,他们果然又回到了比赛尔。这一次肯·莱文终于明白了,比赛尔人之所以走不出大沙漠,是因为他们根本就不认识北斗星。在一望无际的沙漠里,一个人如果凭借着感觉往前走,他会走出许多大小不一的圆圈,最后足迹十有八九是一把卷尺的形状。比赛尔村在浩瀚的沙漠中间,方圆上千公里没有参照物,若不认识北斗星又没指南针,想走出沙漠是不可能的。

肯·莱文在离开比赛尔时,带了一位叫阿古特尔的青年,就是上次和他合作的人。他告诉这位青年,只要你白天休息,夜晚朝着北方那颗星走,就能走出沙漠。阿古特尔照着他说的去做,3天之后,青年果然来到了大漠的边缘。阿古特尔因此成为比赛尔的开拓者,他的铜像被竖在小城的中央,铜像的底座上刻着一行字:新生活是从选定方向开始的。

【人生启迪】

这个故事能带给人什么呢?一个人无论他现在多大年龄,他真正的人生之旅是从设定目标的那一天开始的,以前的日子,只不过是在绕圈子罢了。

不知你是否玩过拼图游戏?若你在人生中没有清楚的目标,就好像不知整个图画的全貌,只能胡乱拼凑人生。当你知道了自己的目标,便能在脑海里描绘出一幅图画,随手找到最需要的图片,拼缀出美好的人生。

所有成功人士都有一个突出的特征,就是生活的方向性,即对自己随时的去向一清二楚。他们有目标也有行动,知道自己要做什么,也知道应该怎样去做。他们确定目标,同时又决定通向那个目标必须走的道路。而很多人之所以失败就是因为没有目标,就像一艘轮船没有舵一样,只能随波逐流,无法掌握,最终搁浅在绝望、失败、消沉的海滩上。

很多人有崇高的职业理想和目标,却没有行之有效的具体措施实现这些目标。有时候他们会在目标周围摇摆不定,有时候甚至会忘记他们的终极目标。

一、职业生涯发展目标的构成

（一）职业生涯发展的长远目标

长远目标，就是沿着职业理想指引的方向，所确立的远期的奋斗目标。长远目标不是马上就能实现的，是通过职业生涯的一步步努力而实现的。长远目标是一个人职业生涯发展的"骨架"，是决定职业生涯规划成功与否的关键性因素。

长远目标离人生理想最近，从某种意义上说，长远目标体现了为理想所作的最高设想，它可以成为追求职业成功的原动力。有了长远目标的支撑，高职生往往能专注于某个专业的学习，会对某个职业产生认同感、责任感和使命感，甚至还会对某项事业充满自豪感和光荣感，直至献身其中。

对高职生来说，长远目标既可以是奋斗方向、范围，也可以是具有激励作用的某种职业。但无论哪种类型，都应该符合社会发展需要和本人的实际。只有经过认真分析而选择的结果，才能激励高职生在学习阶段克服困难，创造条件，努力奋斗，也才能使高职生避免随波逐流，浪费青春。

【案例】

有无目标反差大

哈佛大学有一个非常有名的关于目标对人生影响的跟踪调查：调查时间跨度为 25 年，调查对象是一群智力、学历、环境等条件都差不多的年轻人。在初次调查中，有的年轻人有清晰的长远目标，而有的却对未来没有任何打算。当 25 年后再次对当年的这些年轻人进行调查时，学者们惊奇地发现：25 年前智力、学历、环境等条件相似的年轻人，如今却过着完全不同的生活。

初次调查结果	25 年后的生活状况
有清晰的长远目标者	几乎不曾改变过的人生目标，朝着既定方向不懈地努力，现在大都成了社会各界的成功人士，其中不乏白手创业者、行业领袖、社会精英
无目标者	几乎都生活在社会底层，生活大都过得很不如意，经常失业，靠社会救济，并且总是抱怨他人，抱怨社会

思考：结合这个调查结果，你认为长远目标对个人的发展有什么作用？

（二）职业生涯发展的阶段目标

职业生涯的发展是有阶段性的。不同的阶段所面临的问题不同，目标也不同。

阶段目标是根据个人的具体情况制订的实现长远目标的具体计划。阶段目标的确立，是实现长远目标的重要保障。阶段目标介于近期目标与长远目标之间，起着承上启下的作用。一方面，阶段目标要服从长远目标，也就是要根据达到长远目标所要经历的阶段和所需要的时间，采用倒计时的方式一步步往回倒着设计，将长远目标分解为与之方向相同的一个个阶段目标。另一方面，阶段目标又与近期目标密切相关，近期目标的制订和更替是为不断实现阶段目标做准备的。

阶段目标就是引领我们从眼前的近期目标一步步走向未来长远目标的"路线图"和"里程碑"。如果没有这些"路标"的指引,我们很难把眼前的学习、训练和未来的职业成功连接起来。因此,有无阶段目标,常常是判断职业生涯设计优劣的重要标志。因为要起到"路线图"的指引作用,所以阶段目标相对于长远目标更具体,要有明确的方向性和顺序性。同时,因为还要有"里程碑"的激励作用,所以阶段目标还应该是近期目标的向前延伸和向上拔高,既让自己"可望",又要有适当的高度,让自己"努力方可及",即必须"跳一跳才够得着",以激励自己积极向上攀登。

【案例】

小胡的烦恼

小胡从职业学校毕业后,按照自己设计的目标顺利进入了一家外资公司。但在工作的三年里,她却因部门的调整不断转换岗位,先后干过前台、仓库管理、行政人事主管助理、客户服务主管助理等,在每个岗位上都没有积累足够的经验。虽然工资不低,同学们都很羡慕,但小胡却烦恼不已,正如她自己所说:"我感觉自己就像一块抹布,哪里需要就抹哪里。一旦公司有了适合的人选,我必定退出,因为他们的确比我专业、能干。"这份工作让她患上了职业恐惧症,害怕上班,躲着老板,以至于到了吃不好、睡不好的程度。

对于小胡的职业经历,职业指导师是这样诊断的:小胡产生职业恐惧感的原因在于,三年来始终没有明确的专攻方向和阶段目标,也没有积累相关的工作经验与专业知识,东一榔头西一棒子,没有打好长期可持续发展的职业基础。

职业指导师围绕着小胡当前的职业能力、个人兴趣及行业发展潜力、竞争性、社会需求等诸多因素,为她设计了一套职业发展的阶段性方案:从印刷、培训、快递、办公用品等行业的销售代表或客户服务做起,经销售主管、区域销售经理等职位,最后到达销售总监的位置。

于是,小胡按职业指导师的指引,跳槽到一家台资办公家具公司担任销售经理职务,在那里,她干得既起劲又快乐,并深得老板重用。

来自百度文库:职业生涯规划调整,有修改

思考:以上案例对你有什么启发?

(三)职业生涯发展的近期目标

近期目标就是当前所面临的第一个目标。再长远的目标也需要从眼前的事情做起,可以说,近期目标是迈向长远目标的第一步。万事开头难,做什么事情第一步都是很重要的。第一步迈错了,虽然还可以从头再来,但是可能会错过很多机会,浪费很多宝贵的时间。

近期目标的最大特点就是只要自己努力就一定能实现,所以,近期目标一定是切实可行的,不仅看得到,而且摸得着。它常常表现为具体的行动,这里所说的行动是指包括工作、学习、教育、培训等方面的计划和措施。

对高职生而言,职业生涯发展的近期目标就是对自己要学什么专业课程、参加什么技能训练、加入什么社团活动、阅读什么课外书等方面做出选择,并筹划好措施,以便保质保量、持之以恒地完成,使自己尽可能在正式步入某个职业前具有优秀的素质,为继续实现阶段目标、长远目标打下坚实的基础。

二、职业生涯发展目标必须符合发展条件

在确定职业生涯发展目标之前,需要先选择职业生涯发展方向。即通过发展条件分析,考虑以下三个问题,并据此做出职业生涯发展大方向的抉择:一是我想往哪一路线发展?二是我能往哪一路线发展?三是我在哪一路线发展的机会比较多?第一个问题是个人就业价值取向分析,实质上是回答"想成为怎样一个人"的问题,即想要什么,发展方向是否符合自己的需要;第二个问题实际是个性特点、本人生理和家庭条件及其变化趋势分析,即本人条件是否适合往这个方向发展;第三个问题实际是行业和就业环境分析,即个人发展方向是否符合经济社会发展的需要,周边环境为自己职业生涯发展提供了什么机遇。

一般来讲,职业院校学生在发展方向上有四类选择:一是毕业后,先升学,还是先就业;二是毕业后立即创业,还是先就业、后创业,或者只就业,不创业;三是在企业里,向管理路线发展,还是向技术路线发展,或者先走技术路线,再转向管理路线;四是向技术工人、专业技术人员方向发展,还是向公务员方向发展。职业生涯发展方向不是一成不变的,例如,许多管理人员原就是技术工人、专业技术人员,而公务员也面向社会招考。

具体到一个职业院校学生,其发展方向并不是上述四类抉择中的一种,而是通过上述四类抉择,综合出一个最适合自己的方向。例如,一位工科类高职毕业生,在第一类做出了先就业的抉择,在第二类做出先就业、后创业的抉择,在第三类中做出先走技术路线,再转向管理路线的抉择,在第四类中做出不向公务员方向发展的抉择。通过四类抉择,这位高职生的发展方向就很清晰了。

哪种发展方向好?这是年轻人经常向职场设计咨询师提出的问题。答案只有一个:适合自己的方向是最好的方向。

不同的发展方向,对从业者在智力、个性等方面的要求不同,与个人所处的环境关系密切。职业生涯设计不是对个人职业前途不切实际的空想、幻想,而是根据经济社会实际和发展需要、本人实际和发展需要,制订未来职业生涯发展规划,即对个人职业前途的展望,是追求最佳职业生涯和人生发展的规划,是落实职业理想的规划。而发展方向是职业生涯设计的总思路,是对个人职业前途展望的总思路,必须做到"两个符合",即符合本人实际和发展需要,符合经济社会实际和发展需要,也就是符合个人以及个人所处环境的实际。

为了确定发展方向,高职生必须在认真分析自身发展条件的基础上,即认真分析个性特点及其变化趋势、本人生理和家庭条件及其变化趋势、个人就业价值取向、行业和职业及其变化趋势、就业环境及其变化趋势的基础上,对自己有一个立足于现实、着眼于发展的自我认识,对自己有比较准确的综合判断。

立足于现实,指自我认识是实事求是、剖析自我的认识。能实现的职业理想,才不是空想、幻想。眼高手低是许多青年人走向社会、初涉人世时易犯的错误。因此,在职业生涯设计时,只有在实事求是地分析发展条件的基础上,做出"两个符合"的发展方向抉择,才能使自己的学习、工作以及各种行动措施沿着职业生涯规划预设的路线前进。

着眼于发展,指自我认识是对经过努力可能达到的水平的认识。自我剖析,既要立足现

实,看清"现在的我",更要着眼发展,看到"将来的我"。职业生涯设计的灵魂在于立足现实、展望未来、目标明确、措施到位地不断提升自身素质,并在提升自己的同时,使自己的职业生涯朝着预设方向发展,使自己有一个成功的职业生涯。

确定适合自己的发展方向,才能制订出能落地的职业生涯规划。适合自己,不但包括适合"现在的我",更包括适合"将来的我"。个体是不同的、有差异的,要找出自己与众不同的长处并发扬光大。不立足于现实的职业生涯规划是可笑的;不着眼于发展的职业生涯规划是可悲的。

【焦点讨论】

周日,我跟随父母来到了邻居张叔家。父亲:"老张啊,你真不错,刚下岗就有了新岗位。"

老张:"多亏我在业余时间考取了厨师职业资格证书,否则,就是求爷爷告奶奶,人家也不会用我!"

我:"张叔,我学的就是厨师专业,看来,我的这条路还真选对了。"

母亲:"俗话说,艺多不压人。上学就要学会真本领,为将来走向社会做好充分准备。"

我:"我不仅要拿到厨师职业资格证书,而且要争取考取更多的职业资格证书。"

思考:你认为话题中"我"的目标对职业生涯是否有切实的帮助?

三、职业生涯发展目标的选择

确定职业生涯发展目标的依据主要有两个方面:一方面是宏观上的社会经济发展的实际需要和个人所处的就业环境,以及微观上的职业对从业者素质的要求;另一方面是"现在的我"和"将来的我",忽略了任何一个都会影响目标的正确选择。

(一)分析角色,加以定位

制订一个明确的实施计划,首先要明确定位自己。一定要明确根据计划你要做什么;应该清楚地知道自己的职业环境,自己将会有怎样的发展机遇;不论未来是就业还是创业,都需要为自己的未来预留发展空间。

体现个人价值首先要明确个人价值。要清楚自己究竟想做什么,能做什么。所有的职场中人都应自问:"我的定位是什么?核心竞争力有哪些?身价有多少?"这些可以凭借自己的职业大环境来做评估,衡量并确定自己在该行业领域内的薪资价值。一般来说,衡量个人价值一方面是根据自己的市场竞争力,另一方面则是根据市场需求。构成竞争力的基本要素是个人素质(包括知识、经验、技能、阅历及解决问题、处理人际关系的能力)、工作绩效、职位高低、知名度等。

(二)根据自己的特点和现实条件,确立自己的职业生涯目标

对职场人来说,工作有连续性和阶段性之分。我们在每个阶段都应对自己的职业发展有清醒而详细的规划统筹。制订职业规划时,应从职业发展前景和职业环境方面着手。是否计划改变自己的职业环境、是否计划变更自己的职位、是否计划增长自己的薪资等问题,都应该纳入自己的考虑范围,并确定详细指标。

（三）详细分解目标，制订可操作的短期目标与相应的教育或培训计划

从小职员一跃成为老总的可能性实在微乎其微，那么制订能逐步实现的阶梯性可操作目标，无疑是每个职场人最切实可行的职业规划方案。按季度进行时间划分是操作上最便利的方式。同时要注意，制订细化目标是明智之举，但如果目标过于细分，并不利于职业前景发展的顺利操作。因为不可预测因素和其他职场上的旁枝末节会打乱自己的发展计划。

专题2·拟订职业生涯规划

活动体会：我的旅游计划

安静下来，找到自己呼吸的节奏，想想自己一直想拥有的一次旅游是什么样的，并为自己制订一个详细可行的旅游计划。这个旅游计划包括：旅游计划的具体内容是什么？你制订这个计划经过了哪几个步骤？你将如何落实这个旅游计划？这个过程与职业生涯规划有哪些相似之处？找同学或朋友，与他交流你的旅游计划。

其实，职业生涯规划并不难，它和制订一份旅游计划有很多相似之处。如目标的制订、实现的过程，都和一个人的兴趣爱好和自身条件等相关，对目标和过程的选择没有绝对的好坏之分，不同的路有不同的风景，所以在旅游行程的选择上，没有哪条路线是绝对好的，只有对某人某时比较合适的路线。

对个人的生涯发展来说也是如此。对目的地信息的了解，可以让行程更有把握。无论对信息有多么细致的了解，也要有应对风险和意外的心理准备。你能否如愿以偿地实现目标，这在很大程度上取决于你是计划的推动者还是依赖别人或环境，后者常让人陷入被动而无所作为。

具体而言，一个系统的职业生涯规划应当包括觉知与承诺、认识自己、认识工作世界、决策、行动和再评估/成长六步骤（图6-1）。

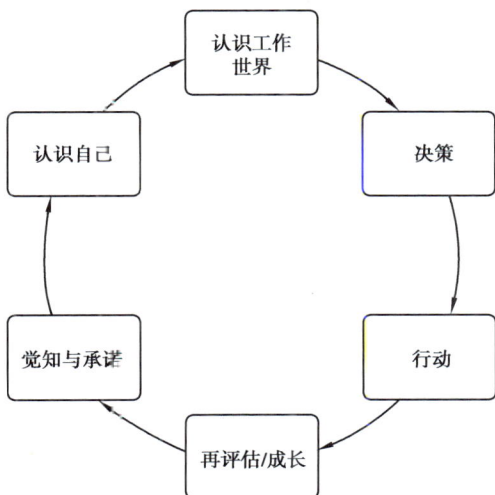

图6-1　职业生涯规划步骤

（一）觉知与承诺

在这个阶段，你需要了解职业生涯规划的重要性和作用，并愿意花时间规划自己的职业生涯。但也要提醒自己：职业生涯规划是一个过程，是一种面对职业生涯发展的态度，它未必能立竿见影，马上为自己带来理想的工作。就好像我们所播的种子，未必能马上发芽一样制订职业，所以，对职业生涯规划要有合理的预期。

（二）认识自己

系统化的职业生涯规划是一个从内而外的过程。因此，在制订职业生涯规划时，首先要认识自己，诚实地自问：我有哪些人格特质？我的兴趣是什么？哪些东西是我生命中不能缺少的？我最看重什么？我的哪些技能是与众不同、可以赖以为生的？其他，如健康、性别、民族等。

（三）认识工作世界

工作世界信息和自我信息是职业生涯规划中重要的、基础部分。对工作世界的了解具体包括：专业与职业的关系；工作世界的宏观发展趋势；具体职业对工作人员的要求、条件和待遇等；继续教育方面的选择。

（四）决策

决策是综合整理和评估信息的部分，在决策时有可能因信息不全而重新回到前面两个步骤，具体内容包括综合与评估信息，目标设立与计划，处理决策过程中的各种问题，生涯信念、障碍。

（五）行动

行动是将全部的探索和思考落实的阶段。规划者要通过行动实现自己设立的工作目标。通常包括，具体的求职过程、制作简历、面试等。

这个阶段高职生有可能在与现实的接触过程中，对自己有新的发现，由此对职业生涯发展有新的思考。所以，虽然高职生为了方便学习，将职业生涯规划人为地分成不同的步骤，但无论在哪个步骤，自我与外部信息的探索都不应停止，不要忽略这些带给高职生的新启示。

（六）再评估/成长

当高职生在实践中迈出职业生涯的重要一步——进入工作世界时，随着外部环境的变化，或许会继续沿着过去的规划前进，也有可能发现过去的规划已不适合自己，或者发现过去的规划并不尽如人意。这就需要再次进行生涯探索，修正职业生涯规划。所以说，职业生涯规划是一个循环的过程，需要一辈子探索，不断进行调整。

专题3·职业生涯规划的制订与实施

职业生涯规划的实施实际上就是将个人职业生涯规划方案付诸实践的过程。而在实施过程中，高职生需要根据实际情况对自己的职业生涯规划进行评估和及时修正，这样才有可能确保自己的职业生涯规划取得成功。通常来说，职业生涯规划的制订要经过以下几个步骤。

一、前期准备

（一）树立职业发展志向

职业生涯规划的制订，最关键的一个步骤便是准确树立职业发展志向。职业发展志向是确保事业获得成功的重要前提，也是实施职业生涯规划的基础。在制订职业生涯规划前，必须根据自身的实际条件和所处的环境明确自己未来的职业发展方向。只有明确了职业发展方向，才有不断前进的动力。

（二）客观地认识和评价自己

要制订职业生涯规划，必须客观地认识和评价自己，只有这样做才能对自己形成一个深刻、正确的认识，进而能够根据自身的情况制订职业生涯规划。

（三）评估职业环境

评估职业环境是非常重要的，一般情况下，对职业环境的评估越客观、全面、准确、透彻，越有利于利用职业环境的有利因素实施职业生涯规划，并在实施过程中将职业环境的不利影响降到最小，影响越小越有利于高职生最大程度地发挥自己的优势，进而实现职业生涯目标。在通常情况下，评估职业环境的内容包括以下几方面。

①政治环境评估。政治环境会对企业等经济体的组织机构产生重要的影响，进而对一个人的职业生涯规划和职业生涯发展产生直接影响。因此，在对职业环境进行评估时，不能忽视对政治环境的评估。

②经济环境评估。经济环境会对人们的就业状况产生重要的影响，进而对一个人的职业生涯规划和职业生涯发展产生直接影响。因此，在对职业环境进行评估时，不能忽视对经济环境的评估。

③组织环境评估。所谓组织环境，就是具体的用人单位的环境。组织是一个人就业的落脚点，也是一个人职业生涯的出发点，还是一个人事业成败的直接影响因素。因此，在对职业环境进行评估时，必须对组织环境进行认真分析，进而找到适合自己未来发展的组织环境。

（四）慎重选择职业生涯发展路线

职业生涯发展路线，就是实现自己职业生涯目标的途径。国外通常将职业生涯发展路线分为五类：技术型职业生涯发展路线，只愿意在技术领域内有所提升；管理型职业生涯发展路线，只愿意在管理领域内有所提升；稳定型职业生涯发展路线，只愿意在稳定、安全的领域内工作；创造型职业生涯发展路线，只愿意在有自主权的领域内工作；自由独立型职业生涯发展路线，只愿意在不受组织约束的领域内工作。

（五）制订行动计划与措施

在确定了职业生涯目标，选择了职业生涯发展路线之后，行动就成了关键。这里的行动，是指落实职业生涯目标的具体措施，包括工作、培训、教育等，即为了达成职业生涯目标在工作上将采取什么措施，在个人素养上将从哪些方面入手等。只有制订具体的行动计划，职业生涯目标才有可能实现。对每项计划列出具体可行的措施后，还要明确每项计划的时间表，即确定什么时间开始，什么时间结束。没有时间约束的计划与措施，往往会流于形式。另外，在明确具体计划、具体措施和时间表后，还需要明确一定的考核指标。考核指标的制订对计划与措施的落实与执行有极其重要的意义,必须找到能够衡量的指标,能量化的尽量量化,不能量化的也必须客观化。在此过程中,可采用以下几种方法。

①将计划与措施写下来。将计划与措施写下来时可以把这个计划与措施具体地呈现在眼前,这时就不能逃避自己对计划与措施的承诺,增加履行的紧迫感。同时,明确写下实现计划与措施的真正理由,说明实现计划与措施的把握性和重要性,这会成为实现计划与措施的动力源泉。

②给计划设定一个期限。行动计划与措施确定以后,就要给自己的计划设定一个起止的期限,认真审视预期要达成的时限,并时刻督促自己要如期完成。

③分步实施计划与措施。针对计划与措施,制订出实现它的每一个步骤。在实施过程中,注意不要好高骛远,否则实行起来难度大,也不容易坚持。为了保持积极的心态,也可以设立一个适时奖励自己的办法。

④分析优劣势和所拥有的资源。对自我的优劣势进行分析是非常重要的,这可以让自己知道从何处开始,下一步应该如何走。找出自己的长处,分析个人最强和最弱的方面,规划出最需要学习的事项,还要列出已经拥有的各种重要资源的清单,包括自己的个性、朋友、教育背景、能力等。其中,人脉是个人非常重要的资源,凡是可以协助自己完成计划与措施的人都可以成为自己重要的资源。

⑤找出需要克服的障碍。成功就是不断克服障碍的过程。在向目标前进时,遇见的每一个障碍都在一定程度上促进自己向目标前进。此外,对遇到的障碍重要性进行排序,找出对实现目标影响最大的,集中精力一个个击破。在克服障碍的同时还可以确认所需要的知识,不断学习,自觉吸收新的资讯,帮助实现目标,促进自我成长。

⑥回顾过去的成功经验,并定期进行检查和总结。回顾过去,找出自认为最成功的经验,并学会在以后的事情中去应用。同时,还需要在实施过程中对计划与措施进行定期总结、检查和更新。

二、实施规划

当前期准备已经完成后,应按照自己制订的行动计划与措施,一步一步地将其予以落实。在实施职业生涯规划的过程中,必须注意做到以下几点。

(一)要树立坚定的信念

一些高职生在实施职业生涯规划的初期,充满了动力,并深信自己的职业生涯规划肯定能够获得成功。但是,随着时间的推移,这些学生实施职业生涯规划的动力开始减少,尤其是在遇到阻碍、困难时,很容易放弃,而不是积极寻找解决问题的方法,这对职业生涯规划的实现是非常不利的。因此,在实施职业生涯规划时,高职生要树立坚定的意念,以切实将职业生涯规划的实施贯彻下去。

(二)要克服急于求成的心理

一些高职生在实施职业生涯规划时存在急于求成的心理,总想在较短的时间内集中干完所有的事情、解决所有的困难,一旦不见成效便会灰心丧气,甚至放弃职业生涯规划的实施。这种心理将会严重影响高职生职业生涯规划的有效实施。因此在实施职业生涯规划时,应努力克服这种心理,尽力对任何问题的解决都充满耐心。

（三）要有不怕困难和阻力的精神

在职业生涯规划的实施过程中，一定要有不怕困难和阻力的精神。在进入职场后，高职生由于自身的性别、特点和能力素质等，不可避免地会遇到许多困难和阻碍，这些将会对实施职业生涯规划产生不利影响。因此，在实施职业生涯规划时，高职生必须有不怕困难和阻力的精神，这样才能在实施自己的职业生涯规划时勇往直前。

（四）要善于控制情绪

情绪是人们对事物的一种直接本能的情感反应，能够对一个人的事业成败产生重要影响。部分高职生很容易情绪化，也十分敏感，这些特点常常会让他们在实施职业生涯规划时因受外界影响而情绪化，进而阻碍个人职业生涯规划的实施。因此，在实施职业生涯规划时，高职生要学会自我调节，以使自己始终保持健康的情绪，进而保证职业生涯规划的顺利实施。

（五）要学会对时间的管理

对时间的管理，就是知道自己的时间该如何分配和利用，从而在有限的时间内完成更多的目标。只有做好对时间的管理，才能更好地促进职业生涯规划的实施，进而达成职业生涯目标。因此，高职生在实施职业生涯规划时要注意学会管理时间。

（六）要保持有效和高效的行动

所谓有效的行动，就是行动始终围绕着目标这一中心展开；所谓高效的行动，就是将时间、脑力、精神等都集中起来以更好地达成目标。在实施职业生涯规划的过程中，如果将大量的时间、精力等浪费在无谓的事务上，而不是集中运用在职业生涯目标的达成上，则实现职业生涯规划是根本不可能的。因此，在实施职业生涯规划时要保持有效和高效的行动。

专题4·职业生涯目标评估调整

一、评估调整的重要性

当高职生掌握了职业生涯规划的相关理论知识和方法，做出自己的职业生涯决策之后，不能"躺在铺满鲜花的道路上，等待工作的降临"。此时，如何实施自己制订的职业生涯规划成为关键。

如果规划不能得到很好的实施，再好的规划也就会失败。没有尽善尽美的规划决策，高职生面对相互矛盾的目标、观点与决策重点，要进行平衡、调整。最佳的规划决策只能是近似合理的，而且总是有风险的。真正的问题不在于你比过去做得更好，而在于你比竞争者做得更好。高职生不应将大多数时间花费在制订职业生涯规划上，而应将重心放在既定规划的实施上。在职业生涯中，高职生要做到知己知彼，确定个人生涯目标要符合现实，而不是一厢情愿；在从事的工作上能发挥专长，充分利用个人的强项；对工作的环境能够适应，而不是感到处处困难、难以生存。这就说明生涯规划不仅要做到"知己""知彼"，而且应做出正确的决择并进行有效的实施。

二、评估标准

高职生的职业规划应该是动态的，而不是静态的。评估调整是伴随高职生的职业生涯全过程的,高职生要结合自身的实际和所在组织要求来制订评估标准:你实施这些规划之后又喜欢什么,不喜欢什么?你的一些假设是不是有问题?你现在的职业状况是什么?你正处于职业的哪个阶段?或者你还是学生,你所学专业的当前形势怎么样?你当前的专业符合你的理想状况吗?如果不谈工作,你现阶段有什么学习目标?有创业的打算吗?你当前的学习状态、学习效果、技能水平、就业机会、个人/家庭生活、成长机会、职责等符合你的期望吗?高职生要对这些变化非常敏感,这要求你要先评估自己当前有哪些技能和经验,然后确定自己必须学习哪些知识,或者自己需要在哪些方面表现得非常出色——你有哪些实践技能?你现在的技能和经验与你的就业目标相关性如何?哪些方面需要改进?这里需要指出的是,证书和培训并不能弥补你所有的职业缺陷。只要知道了自己的职业目标,就会很容易找出自己的职业差距和评估标准。

所以,高职生在走出校门前,有必要了解真实的企业组织评价标准,结合自己现在的学习生活,制订适合于自己发展的评估标准。

(一)职业生涯管理有效性标准

1.达到个人或组织目标

个人目标包括高度的自我决定和自我意识,获得必要的组织职业信息,加强个人成长和发展,改善目标设置能力。

组织目标包括改善管理者与员工的交流,改善个人与组织的职业匹配,加强组织发展,确定管理人才库。

2.考察项目所完成的活动

考察项目包括员工使用职业工具(参与职业讨论会、参加培训课程)进行职业讨论,员工实施职业计划,组织采取职业行动(提升,跨职能部门流动),组织确定继承人。

3.绩效指数变化

绩效指数变化包括离职率降低、旷工率降低、员工士气改善、员工绩效评价改善、填补空缺的时间缩短、增加内部提升等。

4.态度或知觉到的心理变化

态度或知觉到的心理变化包括职业工具和实践评价(参加者对职业讨论会的反映、管理者对工作布告系统的评价)、职业系统可觉察到的益处、员工表达的职业感受(对职业调查的态度)、员工职业规划技能的评价、组织职业信息的充足性。

(二)评估标准指导下的职系建设

①根据公司各岗位工作性质的不同,设立两个职系,即管理职系和技术职系,使从事不同岗位工作的员工均有可持续发展的职业发展通道。

②公司通过晋升、通道转换和岗位轮换等方式,为各类员工提供多重发展通道。

③每一职系对应一种员工职业发展通道,随着员工技能与绩效的提升,员工可以在各自的通道内获得平等的晋升机会。

④考虑公司发展需要、员工个人实际情况及职业兴趣,员工在不同通道之间有转换的机会,但转换必须符合各职系相应职位任职条件,并按公司相关制度执行。如果员工的岗位发生变动,其级别应根据新岗位确定。

⑤员工在选定的职业发展通道内没有晋升机会时,公司为绩效好、有发展潜力的员工提供工作轮换的机会,使他们有机会到不同岗位或核心岗位工作,让他们承担更大的责任。丰富不同岗位的工作经验,使优秀员工有机会贡献他们的价值,并为公司储备人才。

⑥公司通过管理人员接替计划建立管理人员内部晋升体制。所谓管理人员接替计划,是指针对公司的管理岗位,确定一些可能的候选人,并跟踪其绩效,对他们的能力提升做出评价。一旦这些岗位有空缺,公司将让达到岗位要求的候选人直接获得晋升机会。

⑦管理人员接替计划的制订。行政人事部同上级管理人员一起制订本岗位的人员接替计划,对本岗位下属人员的绩效和提升潜力进行综合评价,绘出人员接替图。人员接替图由行政人事部和上级管理人员各保留一份。每年考核结束后,行政人事部应和上级管理人员一起,对每个岗位的接替计划做出修正,只有那些绩效和能力持续提升的人,才有可能留在候选人中。

⑧工作实践。员工在工作中会遇到各种关系、问题、需要、任务及其他情况,为了能够在当前工作中取得成功,员工必须学习新的技能,以新的方式运用其技能和知识,获取新的工作经验。公司运用工作实践对员工开发的途径包括扩大现有的工作内容、工作轮换、工作调动、晋升等。

⑨开发性人际关系的建立。为了使员工通过与更富有经验的其他员工之间的互动来开发自身的技能,公司鼓励建立开发性人际关系的导师指导,即由公司中富有经验的、生产率较高的资深员工担任导师。导师肩负着指导开发经验不足的员工的责任。指导关系是指导者和被指导者之间一种非正式的、具有共同的兴趣或价值观的关系。

事实上,在评价职业生涯管理有效性时,并没有考察所有涉及有效性的方面,而且也不必在组织中实施所有的职业生涯管理策略。但是这种系统的思考能给未来实施评价提供基础。

三、调整要素

俗话说"计划赶不上变化",影响高职生职业生涯规划的因素很多,随着高职生年龄的增长和阅历的不断丰富,其性格、兴趣和爱好及职业倾向都有可能发生变化。加之社会转型和市场经济体制不断完善,高职生走向职场的环境因素不断变化,有时趋势的确很难预料。在这种情况下,要使自己的职业生涯规划行之有效,高职生就必须不断地对自身职业生涯规划进行评估与调整。在现有的工作岗位上,是继续努力工作以获得升迁机会,还是辞职跳槽以另谋出路,抑或是准备创业?考虑这些问题时都必须特别注意以下几个核心要素。

(一)技能和要求

由于人的技能和要求会随着时间的推移而发生变化,因此有必要据此不断重新思考自己的职业选择,并在合适的条件下开发新的职业技能,培养新的职业爱好,做出必要的职业变动,从而实现职业生涯调整与未来职业技能的有效统一。

(二)机会成本

机会成本是人们在面临多个选择时,选择其一而放弃其他所付出的最大代价。在每一个职业阶段,人们必须认真考虑这种成本,权衡为了个人或家庭生活,我们能够放弃哪些晋升的机会,或者为了职业上的发展,我们能够放弃哪些个人生活。如果这个问题不解决,我们就不能准确地评估自己的职业决策,在职业选择上也将是不稳定的,而且容易走上极端,顾此失彼,不能很好地协调家庭、朋友和同事之间的关系,让人总有一种矛盾心理,工作和生活都不愉快。

（三）工作和家庭的协调

许多工作者都希望工作和家庭互不相干,从而获得某种"自由"。但是,人们的生存空间是一个紧密联系的整体,而且这种联系还在不断加强。我们在对自己的职业生涯做出调整时,必须注意工作、学习与家庭的协调。

（四）工作业绩与职业成功

工作业绩在职业成功中所起到的作用是对职业生涯进行评估与调整时必须考虑的因素。

在每一个职业阶段,那些被认为工作业绩突出的员工通常会承担更具挑战性的工作,接受更多的培训,并得到公司领导更多的重视。那些教导人们如何"轻松升职"的方法对职业生涯规划与调整产生了不良影响,它使人们将主要精力集中于外在形象和社会关系的处理上,而忽略了事情的关键。即从长远来说,业绩真正突出的优秀员工,其升迁要比平庸的员工更快。因此,在职业生涯规划和调整过程中,任何员工都必须思考"我怎样才能提高工作绩效和工作技能?"这个重要问题,而不是只思考"我怎样才能升迁"的问题。因为过多地考虑升迁,往往会使人偏离职业生涯调整与成功的轨道。

此外,在调整职业生涯规划方案时,要充分考虑社会与组织的需要,有需求,才有位置。在制订职业规划目标时,有的高职生选择毕业后直接就业,有的高职生选择考研。比如:如果考公务员的国家政策和相关单位的条件发生了变化,就会对目标的设定产生影响,并影响职业生涯规划方案的具体实施过程;选择自主创业或选择其他奋斗目标的,这些目标均可能因为相关环境或政策的变化而发生游移。客观的、依据现实需要的、主动的生涯规划目标的调整,恰恰引领和激励高职生不断审视自己的高职生涯,使他们更加理性地调整规划,从而使职业生涯规划从静态过程走向不断反馈变化的动态良性循环过程。

模块七
职业生涯管理——扬起职业人生风帆

学习目标

1. 了解人际交往的原则。
2. 学会时间管理。
3. 学会压力与挫折管理。
4. 学会情绪管理。

人际关系在现代社会发展中是不可或缺的一种资源。社会上有很多具备某种专业能力的人，但并不是每个人都能取得成功，一些人抱怨自己怀才不遇，一个重要的原因就是这些人在人际关系处理上存在不足。因比，了解人际关系对高职生职业发展的影响和掌握人际交往的技巧是其大学期间应该学习的"必修课"。

专题 1 · 自我与人际交往管理

一、人际关系是职业发展的重要资源

美国著名的企业家、职业生涯指导专家卡耐基说过："一个人事业上的成功，只有15%是由于他的专业技术，另外的85%是靠人际关系、处事技巧。"也许这句话有些偏颇，但是在相同的智商、同等的学历和工作技能的条件下，谁的人际关系好和人际资源丰富，谁的事业就能得到更好的发展，这一点是难以否认的。

在组织招聘过程中，人际关系是一种更可靠和准确的求才方式。这是因为，推荐人了解被推荐人的情况，且不会拿自己的信誉开玩笑。对求职者来说，人际资源越丰富，他在职场上获得的信息就越多，相对来说，机会也就会越多。因此，人际关系是高职生职业发展的重要资源。

求职时过于讲交情，这些做法只适用于计划经济时代或社会转型时期，在市场经济更加完善的背景下，求职者只有借助自己的综合实力才能获胜。当求职者的各项条件没有较大差异时，良好的人际关系和丰富的人际资源就成为求职者求职路上的利器。

总之，良好的人际关系可以成为有效的人际资源，并为高职生的工作和职业生涯发展创造良好的发展空间。

二、人际交往的原则

拥有良好、和谐的人际关系是获得事业成功的法宝之一，职场中的一些人际关系法则看似简单、平常，却往往被忽视。高职生作为刚走出校门的职场新人，要了解以下原则。

（一）跷跷板互惠原则

俗话说，"助人为快乐之本"。人与人之间的互动，就如同坐跷跷板一样，不能永远固定为某一端高、某一端低，需要高低交替，这样整个过程才会充满快乐。一个永远不肯吃亏、不愿让步的人，即便真讨到了不少好处，也不会快乐。因为自私的人如同坐在一个静止的跷跷板顶端，虽然维持了高高在上的优势位置，但在整个人际互动中失去了应有的乐趣，对自己或对方都是一种遗憾。跷跷板互惠原则是我们在与同事相处时，不可缺少的一门艺术。

（二）刺猬法则

刺猬法则可以用一个有趣的现象进行说明：两只困倦的刺猬因寒冷而相拥在一起，但因为各自身上都长着刺，刺得对方怎么也睡不舒服。于是，它们隔了一段距离，但寒风刺骨，又不得不凑到一起——几经折腾，两只刺猬终于找到了一个合适的距离，既能互相获得对方的体温，又不至于被扎。刺猬法则就是人际交往中的"心理距离效应"。它告诉我们：人与人之间应该保持亲密关系，但这是"亲密有间"的关系，而不是"亲密无间"的关系。高职生要学会运用刺猬法则，与同事相处时既不拒人千里之外，也不过于亲密、彼此不分。

【案例】

刺猬法则：通用电气公司的管理秘诀之一

通用电气公司的原总裁斯通在工作中就很注意身体力行刺猬法则，尤其在对待中高层管理者上更是如此。在工作场合和待遇问题上，斯通从不吝啬对管理者们的关爱，但在工余时间，他从不要求管理人员到家做客，也从不接受他们的邀请。正是这种保持适度距离的管理，使通用电气公司的各项业务能够"芝麻开花节节高"。

与员工保持一定的距离，既不会使你高高在上，也不会使你与员工互相混淆身份。这是管理的一种最佳状态。距离的保持靠一定的原则来维持，这种原则对所有人都一视同仁：既可以约束领导者自己，也可以约束员工。掌握了这个原则，也就掌握了成功管理的秘诀。

来自网易：掌握刺猬法则：与员工保持适当的距离，有修改

（三）白金法则

白金法则是美国最有影响力的演说家之一、商业广播讲座撰稿人托尼·亚历山德拉提出的，他还撰写了专著《白金法则》。白金法则的精髓是"你想人家怎样待你，你也要怎样待人"。这种为人处世的观念和方法，能使人们在人际交往中始终处于主动地位，有的放矢地处理好各种关系。

（四）首因效应

现实生活和社会心理学实验研究证明：人在初次交往时给对方留下的印象很深刻，人们会自觉地根据第一印象去评价一个人，在今后交往中的印象都会被用来验证第一印象，这种现象就是首因效应。在现实的人际交往活动中，给交往对象留下良好的第一印象，对工作顺利、有效地开展，起着不可低估的作用。开端不好，就是今后花十倍的努力，也很难消除其消极印象。所以，在现实工作中，高职生要努力在"慎初"上下功夫，力争给人留下最好的第一印象。

三、人际关系管理的方法

（一）建立良好的第一印象

第一印象在人际交往中具有重要作用。人们会在初次交往的短短几分钟内形成对交往对象的总体印象：如果第一印象是良好的，那么人际吸引的强度就大；如果第一印象不好，则人际吸引的强度就小。而在人际关系的建立与稳定的过程中，第一印象同样会深刻地影响交往的深度。因此，人际交往中成功地建立良好的第一印象是十分重要的。

（二）主动交往

和谐的人际关系是每一个正常人的需要。可是，很多人的这种需要都没有得到满足。他们总是慨叹世界上缺少真情、缺少帮助、缺少爱，强烈的孤独感困扰、折磨着他们。其实，很多人之所以缺少朋友，是因为他们在人际交往中总是采取消极、被动的退缩方式，总是期待友谊和爱情从天而降。

根据人际互动的原理，别人是没有理由无缘无故地对我们感兴趣的，要想赢得别人的尊重，与别人建立良好的人际关系，摆脱孤独的折磨，就必须主动交往。心理学家研究发现，有两个因素影响人们不能主动交往：一方面，缺乏自信。因为缺乏人际交往的自信心，所以畏惧自己的主动交往不会引起别人的积极响应，从而使自己陷入窘迫、尴尬的境地，进而伤及脆弱的自尊心。而实际上，在现实生活中，每个人都有交往的需要，我们主动交往而别人不采取响应的情况是极其少见的。另一方面，人们心里对主动交往有很多误解。比如，有的人

会认为"我这样打扰别人，人家肯定会烦的！""他又不认识我，怎么会帮我的忙呢?"其实，这些误解都是不必要的，没有任何可靠的证据能证明其正确性。

实践是检验真理的唯一标准。当你因某种担心而不敢主动同别人交往时，你最好用事实证明担心是多余的。不断地尝试，会积累成功的经验，增强自信心，使自己的人际关系越来越好。

（三）共情

人际关系从本质上说是人与人在情感上的联系。这种情感联系越密切，双方所共有的心理世界的范围也就越宽，人际关系也就越亲密。共情恰恰是沟通人内心世界的情感纽带。所谓共情，就是指站在别人的立场上，设身处地地为别人着想，用别人的眼睛来看世界，用别人的心来理解世界。只有积极地参与他人的感情，意识到"我也会有这样的时候，我遇到这样的事情会怎么样"，才能实现与别人的情感交流。这种积极地参与别人的情感的能力是一种深刻的、真正的交际本领，会拉近自己和别人的距离，并能化解很多矛盾和冲突。一个人如果不能很好地理解别人，体验别人内心的真实情感，就不可能与别人发展深入的人际关系。

（四）避免争论

青年人年轻气盛，喜欢争论是很正常的事，而这些争论往往都是以面红耳赤和不愉快结束的。事实证明，无论谁输了，都会不舒服，更何况争论往往会演变成直接的人身攻击，这对于人际关系是非常有害的。因此，解决观点上不一致的最好途径是讨论、协商，而不是争论。

（五）不要直接批评、责怪和抱怨别人

卡耐基警告人们："要比别人聪明，却不要告诉别人你比他聪明。"任何对他人自作聪明的批评都会招致别人的厌烦，而缺乏移情的责怪和抱怨则更有损人际关系的发展。记住，只要不伤及别人的自我价值感，很多事情都十分容易解决。

（六）勇于承认自己的错误

虽然承认自己的错误在某种意义上是一种自我否定，但承认错误会带给人巨大的轻松感。明知错了而不承认，会使人背上沉重的思想包袱。承认自己的错误，等于变相地肯定别人，会使对方显示出超乎寻常的容忍性，从而维持人际关系的稳定。

【拓展阅读】

七大病态心理影响职场人际关系

身在职场，每个人都要参与社会交往，职场人际关系的好坏对每个人来说都很重要，因为只有健康和谐的人际关系，才能够营造愉快的工作环境，从而提高工作效率，为个人和企业创造更多的价值。现实生活中的社交不良心理状态会阻碍人际关系的正常发展，也就是心理医生所说的社交病态心理。较常见的有以下几种，高职生应努力避免。

①猜疑心理。有些人在社交中或托朋友办事时，往往用不信任的目光审视对方、无端猜疑、捕风捉影、说三道四，如有些人托朋友办事，却又向其他人打听朋友办事时说了些什么，结果影响了朋友之间的关系。

②怯懦心理。有些人涉世不深、阅历较浅、性格内向、不善言辞，总是表现得很怯懦，在

人际交往中即使自己认为正确的事,经过深思熟虑之后,也不敢表达出来,结果影响了正常的人际交往。

③自卑心理。有些人容易产生自卑感,甚至瞧不起自己、缺乏自信、办事无胆量、畏首畏尾、随声附和、没有自己的主见。这种心理如果不克服,就会磨损人的独特个性。

④逆反心理。有些人总爱与别人抬杠,以说明自己标新立异。对任何一件事情,不管是非曲直,一味否定他人,使别人产生反感。

⑤做戏心理。有些人把交朋友视为逢场作戏,朝秦暮楚、见异思迁、处处应付、爱吹牛、爱说漂亮话,与某人见过一面,就会说与某人交往很深。这种人与别人交往时只是做表面文章,因而没有感情深厚的朋友。

⑥贪财心理。有些人认为交朋友的目的就是"互相利用",见到对自己有用、能给自己带来好处的朋友才交往,而且常常"过河拆桥"。这种贪图财利、沾别人光的不良心理,会使自己的人格受到损害。

⑦冷漠心理。有些人认为,只要与己无关的事情,就冷漠对待、不闻不问,或者错误地认为言语尖刻、态度孤傲,就是"人格",致使别人不敢接近自己,从而失去一些朋友。

人际交往也是一门学问和艺术,关键是看个人以什么样的心态来维护和经营,因为在职场上的人际关系是微妙且复杂的,身在职场,就要及时反省自己的行为,让自己学会适应多变的人际关系,以积极的心态适应职场生活。

来自百度文库:七大病态心理影响职场人际关系,有修改

专题2·时间管理

时间是一种特殊的资源,它是不可移动的、无法储存的,也无法增加,始终以稳定的速度前行,无法阻挡地消失。高职生根据自己的价值观和目标来管理时间,是一项重要的自我提升技能,能让自己学会安排生活和工作、善用时间,朝自己设定的方向不断前进。

一、时间管理的含义

所谓时间管理,就是在充分认识时间的性质和价值的基础上,科学、合理、有效地利用时间资源,以产生最大的效益。时间管理的对象不是"时间",而是使月时间的人。

【案例】

时间的级别

课堂上,教授在桌上放了一个玻璃罐子,然后从桌下拿出一些可以从罐口放进罐子里的鹅卵石。教授把石块放完后问他的学生:"你们说这个罐子是不是满的?""是"。所有学生异口同声地回答。教授笑着从桌下拿出一袋碎石子,将它们从罐口倒入罐子,摇一摇,问:"现在罐子是不是满了?"学生有些不敢回答,一个学生怯生生地回答:"也许没满。"教授不语,又从桌下拿出一袋沙子,将沙子慢慢倒进罐子里,然后又问学生:"现在呢?""没有满!"全班学生很有信心地回答说。是的,教授又从桌下拿出一大瓶水,缓缓倒进看起来已经被鹅

卵石、小碎石、沙子填满的玻璃罐。

一个普通的玻璃罐就这样装下了这么多东西,但如果不先将最大的鹅卵石放进罐子,就再也无法将它们放进去了。生活中许多事情,其实都可以像这个玻璃罐里放东西那样,先进行时间级别分类,例如,根据高职生的日常安排和事情的轻重缓急进行组合,确定先后顺序,做到不遗不漏。时间可以分级如下:

A 级别:时间紧,具有一定挑战性、非常重要的事情。如即将到来的考试必须多花时间进行准备。要注意的是,很多人惧怕 A 级别的事情,觉得太复杂,要耗费太多精力,同时因为怕事情太重要完不成或者完成得不完美而采取逃避的态度。

B 级别:很重要,在时间上没有特别要求。这一级别的事情当前不需要马上完成,但又非做不可,容易在不急的心理中被人遗忘,在最后关键时刻演变成 A 级别的事情,如两周前老师布置的期中检查作业。

C 级别:时间上紧迫,但并不重要、可以请别人代劳的事情。如取快递,可以请同学顺便取。

D 级别:时间上不紧迫,也不是很重要的事情,有些可以请别人做,有些可以降低标准,有些必须做则放在零碎时间进行完成,有些对生活没有益处的事件则建议选择放弃,如毫无意义的闲逛。

来自百度文库:3 个小故事:请理解时间管理的重要性,有修改

二、时间管理的关键

时间管理的关键就是对事情的控制,即把每一件事情都能控制得很好。时间管理是在日常事务中常用的一种有目标的、可靠的工作技巧。例如,如何安排生活,怎样规划职业生涯或者工作的步骤,其中的关键都是如何合理有效地利用可以支配的时间。

生活中很多人都有一句口头禅"我没有时间"。成功者与失败者最大的差异在于,失败者总会说"我没有时间",而成功的人一定会说"能腾出时间来"。赢得时间,就可以赢得一切。

三、时间管理的优先矩阵

"帕累托原则"是由 19 世纪意大利经济学家帕累托提出的,其核心内容是生活中 80% 的结果几乎源于 20% 的活动。比如,20% 的客户给你带来了 80% 的业绩,可能创造了 80% 的利润;世界上 80% 的财富被 20% 的人掌握着,世界上 80% 的人只分享了 20% 的财富。因此,要把注意力放在 20% 的关键事情上。

重要——不重要	紧急———————不紧急	
	A 重要 紧迫	B 重要 不紧迫
	C 紧迫 不重要	D 不紧迫 不重要

图 7-1 时间管理的优先矩阵

根据这一原则,高职生应当对所要做的事情分轻重缓急,将事情按其紧迫性和重要性分成四个象限,形成时间管理的优先矩阵,具体如图 7-1 所示。

紧迫性是指必须立即处理的事情,不能拖延。重要性与目标是息息相关的,有利于实现目标的事情都重要,越有利于实现核心目标,就越重要,如图 7-2 所示。

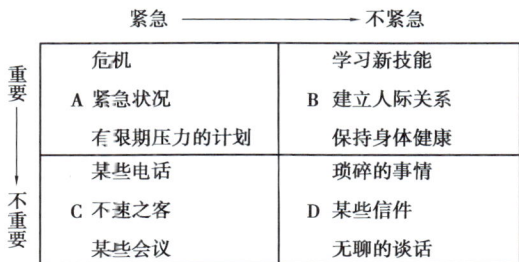

图 7-2　时间管理的重要性与紧迫性示意图

第三象限的收缩和第四象限的舍弃是众所周知的时间管理方式，但在第一象限与第二象限的处理上，人们却往往不明智。很多人更关注第一象限的事情，这将会使人长期处于高压力的工作状态，经常忙于收拾残局和处理危机，很容易使人精疲力竭，长此以往，既不利于生活，也不利于工作。理想的办法是多解决第二象限的事情，因为第一象限与第二象限的事情本来就是互通的，第二象限的扩大会使第一象限的事情减少。处理第二象限时由于时间较为充足，效果会较好。

四、高职生时间管理能力的培养

科学合理地使用时间对高职生来说尤为重要。然而，我们时常会看到一些高职生上课迟到、寒暑假没有规划，得过且过，零散时间不懂得充分利用等现象，这些都是没有进行时间管理的表现，是对宝贵时间、年轻生命的浪费。时间管理能力是高职生在学习、求职、就业等各方面都非常重要的能力，培养时间管理能力，不仅是为了适应时代的发展，还是个人成才的必然要求。高职生时间管理能力的培养，应做到以下五个方面。

（一）做好大学期间的总体计划

高职生应通过和老师或高年级同学沟通，提前了解大学期间每学期具体的教学任务和教学进度，保证自己在制订教学计划时与学校的教学秩序不冲突。高职生应当主动关注学校的教学计划，知晓每个学期安排了哪些教学课程，避免学习盲从和浪费时间。有些高职生不清楚教学安排，自己报名参加了一些培训和社会实践，结果二者发生冲突，打乱了计划，既影响成绩，也没有达到培训或实践的目的。清楚教学安排，就能避免这种情况的发生。

（二）做好每天的学习计划和工作计划

高职生要抓住每一天的时间，为自己制订系统的学习计划和工作计划：系统学习和记录自己感兴趣的知识，积少成多、增长见识；准备一个时间记录本，以备随时检查自己的待办事项，避免出现"临时抱佛脚"的情况；在台历上，标注自己每天应做的事情，写出每天应掌握的知识点，做成学习计划表，也可以在手机或电脑上设置闹铃，以便及时提醒自己；进行换位思考，想想自己是否浪费别人的时间，如果有消极情况出现，一定要及时避免。另外，高职生还应该根据自己的实际作息规律，选出每天思维最灵活、精力最充沛的时间处理最重要的事情，例如，可以将背单词等脑力活动放到这个时段，以达到事半功倍的良好效果。

（三）克服"拖延症"

不同于中学时的紧张生活，高职生活比较悠闲，导致越来越多的高职生出现"拖延症"，这是一种不好的习惯。古语云："明日复明日，明日何其多？"因此，高职生要推行"限时办事制"，规定在限定时间内（如4小时、8小时、当天）将学习或工作完成，并且在制订计划后就应立即去实施。"没有状态"是拖延最简单的借口，要知道，状态不是等出来的，而是干出来的。另外，高职生要学会说"不"。"计划赶不上变化"，这是高职生经常遇到的情况。多数时候自己原已制订好了计划，但是经常会临时出现一些变化，例如，朋友邀请你玩游戏，这会占用你大部分的自由时间，在这种情况下，要学会恰当地拒绝，这是时间管理中摆脱变化和纠缠的一种很有效的方法。当然，拒绝时要讲究技巧，不宜直截了当，而要委婉表达，要用他人觉得合理的理由拒绝。不要被无聊的人和无关紧要的事缠住，也不要在不必要的地方逗留太久，不要将整块的时间拆散。

（四）分清"重要"和"紧急"的事情

有些高职生总是抱怨时间很紧张，一天忙忙碌碌，却又不知道在忙些什么。这种忙碌只是一种假象。产生这种现象的原因是，分不清"既重要又紧张"和"紧张但不重要"的界限，二者的区别就在于，这件事是否有助于自己完成某个对自己重要的目标。如果有必要，就应当快速解决好当下的事情，避免浪费时间做无用功。

（五）好好利用课余时间

首先，要利用好周末时间。有的高职生在周末时间睡觉、逛街、看电影、玩游戏、上网聊天，白白浪费了时间而没有收益。高职生应在别人"玩"时学习，进行职业能力培养，拓展自己的知识面，只有这样，才能在激烈的人才竞争中脱颖而出。其次，要合理利用寒暑假时间。寒暑假时间加起来近3个月，如果不充分利用，对于高职生的个人发展将产生巨大的影响。有的同学做兼职，积累社会经验；有的同学参加培训，增加职业技能；有的同学读书，丰富自己的知识，这些都是值得提倡的。不过还要注意，不管做任何事情，都不能盲目，要参照自己的职业目标，有的放矢、集中力量、合理规划、统筹兼顾。

专题3 · 压力与挫折管理

压力是当人们去适应由周围环境引起的刺激时，人们的身体上或精神上的生理反应，它会对人们心理和生理健康状况产生积极或消极的影响。目前，许多企业管理者开始关注员工的压力管理问题，实施适当的压力管理能有效地减轻员工过重的心理压力，保持适度的、最佳的压力，使员工提高工作效率，进而提高整个组织的绩效。

一、压力的种类与来源

压力可以分成两类：内部压力和外部压力。内部压力来自人的体内，包括人的态度、思想和情感。挫折和冲突最容易带给人压力。高职生会因屡次的挫折而产生压力；面临不安和恐惧时，也可能产生压力。外部压力来自人的体外，包括学习、工作、人际关系、家庭、金钱及健康状况等。高职生与父母、老师、同学关系的不协调会产生压力；当学习任务太重或同时扮演多重角色、别人期望又过高时，也会产生压力。

二、压力的危害

（一）压力过大容易产生消极悲观情绪

长期处于压力过大的状态下，某些心理素质差的人会产生很强的挫败感。此外，身心疲急时,人就会丧失竞争的勇气和做好事情的信心,从而产生莫名的烦恼、愤怒、抱怨和忧愁,不少人甚至会产生自杀的念头或实施自杀行为。

(二)压力过大容易引发饮食失调、免疫力下降

处于较大压力中的人有时会表现为厌食、食欲不振、胃部不适、腹泻、恶心或呕吐等。压力过大也会导致人体免疫力下降。现代医学研究发现,人的情绪状态和机体的免疫系统之间有着特殊的关系。长期压力过大会对机体的免疫系统产生负面影响。人会出现各种症状,如烦躁不安、精神倦怠、失眠多梦、心悸、胸闷、四肢乏力、性功能障碍等。

(三)压力过大导致认知功能下降

长期处在过度压力状态下,人体的反应速度会减慢,记忆力会减退,对非常熟悉的事物的记忆和辨别能力会下降,难以进入聚精会神的状态,经常遗忘正在思考和谈论的事情,出现中途"思维断路"的现象。

(四)压力过大导致失眠

当生活中遇到压力时,无论是急性的还是慢性的,情绪都处于紧张状态,首先受到影响的就是睡眠。人体承受的压力较大时,常常躺在床上辗转反侧、难以成眠,压力反应一再被激起,人也因此精疲力尽。

三、高职生常见的心理压力

(一)观念变革的压力

在改革开放不断深化和意识形态日益多元化的社会背景下,高职生每时每刻都会遇到价值观念、伦理道德、生活方式等方面的新观念的冲击,从而引起高职生认知上的失调和观念上的动荡。这就要求高职生在观念上不断更新、与时俱进。

(二)经济负担的压力

学费和生活费是高职生经济压力的主要来源之一。随着高等教育的普及,学费也越来越高昂。学费往往需要家庭花费很大的一部分积蓄。特别是对于那些来自农村或经济困难家庭的学生来说,支付学费可能会对其家庭造成巨大的经济负担。

(三)学习考试的压力

大学里的学习任务并不轻松,英语四、六级考试,计算机等级考试以及考研、考博、出国留学等这些大小不一的考试给高职生造成了很大的压力。

(四)择业就业的压力

随着人才市场上供需关系的变化、大学毕业生就业形势的日趋紧张,人才市场与企业对高职生的培养规格和要求越来越高,高职生不得不考虑未来的就业问题。连续多年的扩招加大了高职生竞争就业的难度,就业形势变得更加严峻。就业已经成为高职生普遍关注的话题,也是高职生诸多压力中最主要的压力源。

(五)人际关系的压力

人际交往是高职生活的一个重要方面,良好的人际关系能让人在学习生活各方面都如鱼得水、左右逢源;相反,没有良好的人际关系常常令人感到局促不安、缺少自信。因而,高职生都十分注意加强自己的人际交往能力,尽量克服由自身的性格特点、民族风俗、生活习惯、语言等带来的人际交往障碍。如何处理好人际关系常使高职生感到压力巨大。

（六）身心发展的压力

高职生身心发展包含生理发展、心理发展及认知发展。生理发展的压力主要表现为性成熟与性冲动的压力、生理性自卑等方面。生理上的自卑会影响个体的自信心，从而形成心理上的压力。青年人有旺盛的体力和精力，需要正确的宣泄途径，如果这个渠道不畅通，就会成为巨大的压力源。

四、压力的自我管理

（一）放松自己

放松是指身体或精神由紧张状态转换为松弛状态的过程。当压力事件不断出现时，有效的放松往往比休息效果更好。常用的放松方法有游泳、做操、散步、听音乐等。

（二）提升自信

高职生保持快乐并抵抗学习和生活压力的一个重要因素就是自信心。当学习压力变大时，提高自信，坚持"我一定做得到"的想法是很有必要的。事实上，即使有实力，但如果缺乏自信，常有"我不行""我做不到"的想法，也会增加自己的压力。

（三）加强沟通

平时要积极改善人际关系，特别是要加强与同学的沟通，压力过大时可以寻求他人的帮助，不要试图一个人承担所有压力，也可以主动寻求心理援助，如与家人、朋友交流、进行心理咨询等。

（四）调整心态

高职生要认识到危机即转机，遇到困难，产生压力，可能是自己能力不足，处理问题的过程就是增强自己能力的过程；另外也可能是环境或他人的原因，这时需要理性沟通以解决问题，如果无法解决，也要尽量以正向乐观的态度去面对。乐观的态度不仅会平复由压力带来的不良情绪，也能使问题尽快得到解决。

（五）坚持锻炼

体育锻炼可以明显地减轻压力。一方面，因为体育锻炼可以使身体健壮、精力充沛、抗挫折能力增强；另一方面，用于锻炼的时间可以减少暴露于压力情境的时间，某些锻炼如散步、慢跑等也提供了一个"空闲"调整的机会，可以利用这个机会对问题进行反思，寻求解决问题的办法。体育锻炼应以适量和娱乐性为原则，过量的运动不但不能减轻压力，而且会成为新的压力源。

【拓展阅读】

怎样舒缓职场压力

一、日常减压

平时我们要懂得向别人倾诉，要多注意休息，每天适度地锻炼身体，做任何事情都不必追求完美，多听听音乐，保持对生活的乐观态度。

二、生理调节

管理压力的方法之一是进行生理调节,如肌肉放松、深呼吸、加强锻炼、有充足的睡眠、保持健康和营养。我们通过保持健康,可以提升精力和耐力,有助于与压力引起的疲劳作斗争。

三、提升能力

有时候压力的来源就是自身对外部环境的不熟悉、不确定感,缓解压力的最直接方法就是了解你不确定的因素,想方设法地提高自己的能力,不逃避问题。

四、活在今天

压力有一个特质,主要表现在对将来的焦虑和担心。要应对压力,我们首先要做的事情不是去展望遥远的将来,而是做好手边之事,为明日做好准备的最佳办法就是集中你所有的智慧、热忱,把今天的工作做得尽善尽美。

五、加强沟通

平时要积极改善人际关系,特别是要加强与上级、同事及下属的沟通。切记,压力过大时要寻求他人的帮助,不要试图独自将所有压力承担下来。有压力时还可以主动寻求心理援助,如与家人和朋友倾诉交流、进行心理咨询等。

六、时间管理

工作压力的产生往往与时间的紧张感相生相伴,总是觉得时间不够用。这就需要进行时间管理,在进行时间管理时,应权衡各种事情的优先顺序,要学会"弹钢琴"。对工作要有前瞻的能力,将重要但不一定紧急的事放到首位,防患于未然,如果总是忙于"救火",那将使工作永远处于被动之中。

来自百度:缓解职场压力的方法,有修改

专题 4 · 情绪管理

情绪是个体内心的感受经由身体表现出来的状态,是人对客观事物态度的体验和相应的行为反应。人们对客观事物采取肯定的态度时,就会体验到满意、喜悦、幸福等情绪;人们对客观事物采取否定态度时,就会体验到悲哀、恐惧、愤怒等情绪。总之,情绪是人们对客观事物所持态度的主观体验,没有了体验就谈不上情绪。

一、情绪管理能力概念

美国哈佛大学心理学博士丹尼尔·戈尔曼在其 1995 年出版的《情绪智商》一书中首次提出"情绪智力"理论,通常被称为情商或 EQ。戈尔曼指出,关于人的成功要素,智力因素固然重要,但更重要的是情绪因素,而人的"情商"大致可以概括为五种能力:自我意识、自我管理、自我激励、同理心、社交能力。随着人们对情商重要性的认识进一步加深,情绪管理应运而生。

21 世纪,情绪管理已经成为中国人力资源领域一个新的概念,是对人力资源的重新认知。结合心理学和管理学研究情绪管理,可以为组织的人才培养另辟蹊径,可以为员工开发自身潜能提供支持,尤其是对初入职场的高职生或者即将踏入职场的大学毕业生进入社会后的二次塑造和培养至关重要。

心理学家对情绪管理的研究,比较成熟的两个理论分别为:第一,情绪认知理论。情绪认知理论主张情绪产生于对刺激情境或对事物的评价,认为情绪的产生受到环境事件、生理状况和认知过程三种因素的影响,其中认知过程是决定情绪性质的关键因素。第二,情绪智力理论。情绪智力包括:觉知情绪、评价情绪和表达情绪的能力;产生情绪以促进思维的能力;理解情绪及情绪知识的能力;以及调节情绪、促进情绪智力发展的能力。综合国内外文献发现,情绪管理的核心是以人本原理为理论基础,充分发展人的情绪,充分体现人的价值。从认识人、尊重人、依靠人、调节人、发展人出发,提高对情绪的自我觉知意识,疏解情绪困扰,调控情绪低潮,保持乐观心态,不断自我激励、自我完善,最终实现"和谐管理"。

【案例】

职场新人需警惕"抵触情绪"

彭婷是一家翻译公司的翻译,她谨言慎行,终于过了试用期。在与公司签订了正式合同后,她感觉身上的每个细胞都放松了下来。她正式上班后不久,部门经理拿来一大摞资料让她翻译。彭婷看着那摞厚厚的中文资料,有些抵触情绪,觉得经理就是欺负新人,为什么不将这样高强度的工作安排给老员工? 但是,她还是强颜欢笑地说:"好的,我会尽快翻译。"但是,当经理转身离开后,她像翻书一样,立刻把"笑脸"换成了"冷脸"。她的这种面部表情变化没有逃脱部门经理"不经意"的一瞥。只这么一瞥,部门经理就看出了彭婷内心强烈的抵触情绪。部门经理心里很反感,她决定以后尽量不给彭婷"添麻烦"了。还有一次,同部门一个同事要参加一个化工行业的高峰论坛,他负责会议的同声翻译,想让彭婷帮助查找一些专业资料。彭婷心想,你去负责同声翻译,挣大笔的奖金,却让我给你找资料。虽然心里这么想,但表面上她还是答应了:"好的,我会把资料找全。"尽管口头答应了,但彭婷慢腾腾干完自己的活后,就在网上和同学聊天,根本没有给同事找资料。一个上午过去了,同事来找彭婷,却发现她正在网聊。同事说:"彭婷,我看你挺忙的,那就不麻烦你了,我找其他同事帮忙吧。"由于对上司以及同事交代的事情有抵触情绪,彭婷转正后一直得不到他们的帮助和提携。一年合同期结束后,由于业绩不好,公司拒绝继续聘用彭婷。

在职场上,一些新员工对来自上司及同事的"指挥"有抵触情绪。这会在他们的言行中表现出来,别人感受到这种"抵触"情绪后,一般会识趣地"远离"他们,他们在职场中就会越来越被孤立。"抵触情绪"就像"慢性毒药",短时间内看不出危害,却能在不知不觉中让新人在职场中"泯灭"。过了试用期后的职场新人,更要谦虚谨慎,只有这样,才能避开"慢性毒药",在职场中健康地成长。

来自百度网:职业新人需警惕"抵触情绪",有修改

二、与职业有关的情绪

（一）情绪劳动

当我们将体力投入工作中时，消耗的是体力；当我们将智力投入工作中时，消耗的是脑力。大多数工作还需要付出情绪劳动，即需要在工作中表现出令组织满意的情绪状态。这种情绪劳动尤其在强调人际交往的工作中十分重要。

例如，飞机上的乘务员应该是热情友好、积极主动的，教师应该是认真严谨、充满激情的。几乎所有精彩的演讲中都要包含强烈的情绪成分，才会感染他人、调动他人的积极性。目前，已有不少组织在绩效考核中把情绪劳动作为一个关键成分。

（二）情商

萨罗威和梅伊尔明确提出情商这一概念，认为它是一种"个体监控自己及他人的情绪，并识别和利用这些信息指导自己的思想和行为的能力"。它具体包括五个维度：

①自我意识，体味自我情感的能力。

②自我管理，管理自己情绪和冲动的能力。

③自我激励，面对挫折和失败依然坚持不懈的能力。

④感同身受，体味他人情感的能力。

⑤社会技能，处理他人情绪的能力。

情商高的个体更可能深刻意识到自己和他人的情绪，对自我内部体验的积极方面和消极方面更为开放。这种意识有助于他们对情绪做出积极的调控，从而维持自己良好的身心状态，与他人保持和谐的人际关系，对周边环境有较强的适应能力。

（三）情绪感受与情绪表达

情绪感受是指个体的实际情绪状态，而情绪表达是指我们表现出来的那些符合社会环境或组织环境的情绪。情绪表达并非与生俱来的，它是后天学习的产物。区分这一概念的重要意义在于：个体的情绪感受与情绪表达常常是不同的。我们表现在众人面前的，并不总是自己的真情实感。

情绪表达在工作中尤其重要。因为工作情境和角色常常要求人们展现出符合特定需要的情绪行为。在家庭中可以接受的情绪如果表现在工作场所中，就可能全然不可接受。当然，这意味着有时我们不得不掩饰自己的真情实感。例如，直接与客户打交道的员工，常常会面对牢骚满腹、行为粗暴、提出各种不合理要求的客户，员工需要隐藏自己的真情实感，表现出热情、友好、乐于助人的精神风貌，如果做不到这一点，就可能疏远客户，难以取得优秀的工作业绩。不同的组织、不同的工作性质对情绪表达的要求是各不相同的。

总之，情绪在个体的职业和工作中有着重要作用，它对于个体提高工作绩效和获得事业的成功有着重要的意义。

【案例】

情商的实用价值

情绪控制技能具有普遍的实用价值，对企业应如何决定该雇用谁、父母应如何培养自己的孩子、学校应怎样教育学生都是有用的。以下介绍几个情商的实验案例。

一、软糖实验

该实验通过观察四岁儿童对果汁软糖的反应预测他们的未来。实验方法:研究人员将儿童带到一间陈设简单的房间,告诉儿童:你可以马上得到一颗果汁软糖,但如果你能坚持不拿它,直到等我外出办事回来,你就可以得到两颗糖。说完,研究人员便离去了,当研究人员回来后便兑现承诺。之后,追踪研究这些参加实验的儿童的成长过程。

待这些儿童上中学时,就会表现出某些明显的差异。对这些儿童父母的调查表明,那些在四岁时能以坚持换得第二颗软糖的儿童通常成为适应性较强、冒险精神较强,比较受人喜欢、自信、独立的少年;而那些在早年经不起软糖诱惑的儿童则更可能成为孤僻、易受挫、固执的少年,他们往往屈从于压力并逃避挑战。将这些少年分成两组进行学术能力倾向测试后的结果表明,那些在软糖实验中坚持时间较长的少年的平均得分高达210分。

二、乐观测试

20世纪80年代中期,美国某保险公司某年雇用了5 000名推销员,并对他们进行了培训,每名推销员的培训费高达30 000美元。雇用后第一年有一半人辞职,四年后这批人只剩下五分之一。原因是:在推销保险的过程中,推销员得一次又一次面对被人拒之门外的窘境。为了确定是不是那些比较善于应对挫折,将第一次拒绝都当作挑战而不是挫折的人就可能成为成功的推销员,该公司向宾夕法尼亚大学的心理学家马丁·塞里格曼讨教,并请他来检验他提出的关于"在人的成功中乐观的重要性"的理论。

这一理论认为,当乐观主义者失败时,他们会将失败归结于某些他们可以改变的事情,而不是某些固定的、他们无法克服的弱点。他们会努力克服困难、改变现状,争取成功。塞里格曼对15 000名参加过两次测试的新员工进行了跟踪研究,这两次测试一次是该公司常规的甄别测试,另一次是塞里格曼自己设计的用于测试被测者乐观程度的测试。这些人中有一组人没有通过甄别测试却在乐观测试中取得"超级乐观主义者"成绩。跟踪研究表明,这一组人在所有人中工作任务完成得最好。第一年,他们的推销额比"一般悲观主义者"高出21%,第二年高出57%。此后,通过塞里格曼的"乐观测试"便成为被录用为该公司推销员的一个条件。

三、企业人事管理者对情商的认识案例

在美国企业界,人事主管们普遍认为,"智商使人得以录用,而情商使人得以晋升"。一个著名的案例是,被誉为"新泽西聪明工程师思想库"的贝尔实验室的一位经理受命列出他手下工作绩效最佳的人。从他所列的名单看,工作绩效最好的人不是具有最高智商的人,而是那些情绪传递得到回应的人。这表明,与在社会交往方面不灵、性格孤僻的天才相比,那些良好的合作者和善于与同事相处的员工更可能得到为达到自己的目标所需的合作。

以上案例不难看到,情商研究对于个人成功及改进组织人事管理的实用价值。

来自百度:成功——取决于你的"情商",有修改

三、情绪管理的意义

情绪管理的核心是人本主义,它从尊重人、依靠人、发展人、完善人出发,使人性得到充分的发扬,人的情绪得到充分的发展,人的价值得到充分的体现,最终更好地适应社会环境

和实现自身的可持续发展。

（一）情绪管理能改善高职生的心理健康

心理健康指的是一种生活适应和社会适应良好的状态，在这种状态下，个体能够与他人建立、保持和谐的人际关系，维持内在的身心平衡，发挥自身潜能，追求自我实现。综合各种不同版本的心理健康标准，心理学家马斯洛认为，"保持良好的人际关系，适度的情绪表达与控制"就是心理健康标准中最重要的两个条件。由此可见，情绪与心理健康有直接关系。积极的情绪状态能够有效促进人的身心健康。而当人处于悲伤、愤怒、厌恶等负性情绪状态时，身体内部器官易出现紊乱，引发消化系统、神经系统等方面的问题，损害人的身体健康，如记忆困难等。有资料表明：高职生存在抑郁、焦虑、强迫、人际关系和适应不良、人格障碍和精神疾病等问题或心理障碍的比例达16%～30%。因此，高职生更加需要加强情绪管理，通过科学的方法，有效地控制和调节自身的情绪，使自身处于一种积极的状态。

（二）情绪管理能提高高职生的情绪智力

情绪智力是近年来心理学家们提出的与智力和智商相对应的一个复合概念，是指人成功完成情感活动所需的个性心理特征，也可以表述为情绪智力是人以情感为操作对象的一种能力。同时，情绪智力也是对人情感品质差异的反映，是对人的感受、理解、表达、控制、调节自我和他人情感能力的一种反映，是一种非理性能力的体现。现代心理学认为，情绪智力作为一种非智力因素，对个人的事业成功非常关键。一方面，现在很多高职生非常重视书本知识和技能方面的学习，忽略情感和理想；另一方面，很多高职生学习心理负担过重、人际交往障碍、青春期的烦恼和升学就业的困惑等心理问题也频频出现。因此，高职生加强情绪管理的学习，能够促进自身情绪智力的培养，有助于健全人格、增强抗挫折能力、实现自我完善。

（三）情绪管理能提高高职生的社会适应能力

社会适应是个体和环境取得一种和谐关系的状态，既包括个体改变自身以适应环境，也包括个体改变环境使之适合自己的需要。积极情绪可以拓展个体的人际资源（友谊、社会支持等），并与社会交往存在相互促进的关系，积极情绪与更多的社会连接和社会支持有关，而这些社会连接和支持反过来也能增加个体的积极情绪。此外，积极情绪还有助于个体更好地应对生活事件，促进人际关系的建立，增强个体在问题解决中的灵活性和变通性，使个体更好地适应问题情境。因此，高职生要通过情绪管理，提高自身的适应能力，为以后的就业及在社会上立足做好充分的准备。

四、提高就业情绪管理能力的策略

（一）培养情绪认知能力

高职生应该学会进行正确的职场判断，认识到一时未找到工作不是坏事，如何管理好自己的情绪才是最重要的，养成良好的情绪认知习惯。

首先，养成良好的情绪自我觉察习惯。定期觉察自己的情绪，回想与体会自己的情绪是怎样产生及如何发展变化的，还要比较他人面对同样或类似事情时情绪产生发展的不同、求职结果的不同，重新恢复自信，走入职场。其次，养成良好的情绪转化成语言的习惯。情绪只是个体在大脑中的主观体验，如果没有用语言表达出来，感觉是很模糊的。职业指导师应帮助学生将情绪用语言表达出来，有助于学生真正清楚地认识自己的感觉，学会向用人单位表达自己的求职兴趣。

【案例】

钉子的故事

有一个小男孩脾气很坏,他的父亲决定帮助他改掉坏脾气。

一天,父亲给了他一大包钉子,要求他每发一次脾气,就用铁锤在他家后院的栅栏上钉一颗钉子。第一天,小男孩在栅栏上钉了16颗钉子。

过了几个星期,小男孩发现,不发脾气比往栅栏上钉钉子要容易些。慢慢地,小男孩学会了控制自己的坏情绪,每天在栅栏上钉钉子的次数渐渐少了。到后来,小男孩变得不爱发脾气了。

他把自己的转变告诉了父亲。父亲又建议:"你如果能坚持一整天都不发脾气,就从栅栏上拔下一颗钉子。"经过一段时间,小男孩终于把栅栏上所有的钉子都拔掉了。

父亲拉着他的手来到栅栏边,亲切地说:"儿子,你做得很好。但是,你看看那些钉子在栅栏上留下的小孔,栅栏再也不会是原来的样子了。当你向别人发过脾气之后,你的言语就像这些钉孔一样,会在别人的心里留下疤痕。这就好比用刀子刺向他人的身体,即使把刀子拔出来,那伤口也会永远存在。"小男孩明白了,口头上对人造成的伤害与伤害人的身体没什么两样。

来自百度:钉子的故事,有修改

(二)培养情绪宣泄能力

当就业过程中因压力、挫折及与同学之间的落差等产生不适情绪时,通过有效的情绪宣泄指导摆脱不适情绪的困扰,或缩短困扰周期,有利于学生在就业过程中具备良好的情绪状态,从而有效提高过程绩效。高校的职业指导应该注重培养学生的活动转移能力和寻求外界帮助能力,培养学生在遇到问题时,可以暂时将注意力转移到别人或别的事情上,冷静之后再回头解决困扰自己的问题的思维方式;完善沟通渠道,班主任、辅导员要经常与学生交流,将定期的圆桌会议大范围交流和不定期的个别单独交流相结合,培养师生之间的相互信任,同时鼓励学生之间以及学生与父母之间的沟通交流。只有这样,在遇到问题时,学生才会容易找到消极情绪的宣泄口,及时化解不适,重新振作。

(三)培养情绪表现能力

工作1~3年的高职生普遍存在对当前工作适应状况的自我评价低、跳槽频繁、通过实习找到工作的比重低等问题,62%的职场新人表示"不喜欢现在的工作"。情绪表现能力贯穿于就业绩效的全过程,因此,培养高职生情绪表现能力能够有效提高职业指导质量,提升高职生就业满意度。实施素质拓展可以对高职生情绪表现能力进行从"说"到"辩"的递进模式培养。例如,参加演讲比赛、辩论赛等活动。高职生通过素质拓展体验克服失败的恐惧和逃避的心态,产生成就感,感受表现力,借助每一次体验,敢于表现、正确表现,正确认识自己的价值和重要性,增强学生的社会适应能力。

模块八

终身学习——为职业生涯保驾护航

学习目标

1. 终身学习学什么？
2. 以获取知识的能力为中心的学习。
3. 终身学习的途径。
4. 终身学习的方法。

生涯规划与终身学习是可以合而为一的,生涯规划与终身学习都是一种策略,可以帮助我们安全地生存、快乐地生活,并且达到自我充分发展、实现生命意义的境界。

专题1·认识终身学习

终身学习是一种持续的学习过程,它涵盖一个人的一生,并且是为了适应社会发展和个人发展的需要。这一概念在中国有着悠久的历史,如"活到老,学到老"和"学海无涯""学无止境"等俗语都体现了终身学习的精神。

终身学习不仅是个体行为,也是一个团体、社会的集体行为。每个人都应该保持终身学习的态度,不断开启新的学习周期,并在某些时候以教带学,不断重复练习,从而在某一方面取得更大的进步。

一、终身学习的实践方法

要实践终身学习,首先需要意识到终身学习的重要性。在现代社会中,终身学习的重要性更加凸显。知识和技能的更新速度非常快,如果不持续学习和更新,就可能被社会淘汰。随着社会和科技的发展,许多职业和技能正在快速变化,如果不跟上时代的步伐,就会失去市场竞争力。此外,学习不仅可以提高职业能力,还可以开阔视野、丰富生活,提高自我价值感和满足感。

其次,制订学习计划是实践终身学习的关键之一。根据自己的职业、兴趣和需求,制订切实可行的学习计划。学习计划可以包括学习目标、学习内容、学习方式、学习时间和学习评估等方面。学习计划可以帮助人们保持学习的积极性和动力,确保学习的效果。

最后,掌握学习方法也是实践终身学习的重要条件之一。学习方法包括阅读、写作、听讲座、观看教学视频、参加讨论等。人们可以根据不同的学科和目标,选择适合自己的学习方法。

二、终身学习的社会影响

终身学习已经成为现代社会发展的重要趋势之一。它有助于个人适应快速变化的环境,提高职业竞争力,增强自我价值感和生活满意度。同时,建设全民终身学习的学习型社会、学习型大国,不仅是促进人的全面发展、建成教育强国的重要战略举措,更是实现中国式现代化的重要内容。

近年来,国家高度重视全民终身学习,推动全民终身学习的政策法规日臻完善、组织机构不断健全、教育体系日益完备、学习和教育资源更加丰富。

终身学习不仅是一种理念,更是个人和社会发展的重要保障。在知识经济时代,每个人都应该秉持终身学习的态度,不断提升自我,以适应不断变化的世界。同时,社会也应该提供更多的支持和资源,鼓励和推动全民终身学习。

专题2·终身学习的内容

一、以获取知识的能力为中心的学习

人必须学习,学习是一件值得庆幸的事,学习如同呼吸一样,是一种终身的活动,它意味着生命的存在。

终身学习是以能力为中心的学习,有很多优点。

（一）靠能力获取知识

由于知识更新速度极快,高职生毕业没两年,或许其所学知识就过时了一大半。有了获取知识的能力,就能一劳永逸。"授人以鱼,不如授人以渔。"

（二）靠能力运用知识

只有具备运用知识的能力,才能使知识活起来,解决实际问题,产生实际效益。知识的获取、运用、创新均靠能力,无论从哪方面看,能力都比知识更重要。

爱因斯坦说过一句名言"想象比知识更重要"。而懂得如何学习,似乎比想象和知识都更重要。因为重视知识是对的,但是如果只重知识,则是对知识经济十分肤浅、十分可笑的误解。在知识经济时代,不是看人们的知识记忆量的多少,而主要在于是否具有运用知识的能力,是否具有寻找知识、重组知识、创新知识的能力。

大多数成功人士似乎都对传统获取知识的方式十分反感,实际上,他们却有一种与众不同的获取知识的能力。

有人攻击汽车大王福特是个"无知的人",于是律师提出了许多"常识性"的问题拷问福特,如"美国宪法的第五条内容是什么?"……福特对此一无所知,可他却说:"我的办公室桌上有一排电钮,只要我按下某个电钮,他能够回答我的企业中的任何问题。"

时代正以一种前所未有的速度变化,而且是令人惊叹的加速变化。彼得·圣吉曾经说过这么一句话:"未来唯一持久的优势,是有能力比你的竞争对手学习得更快。"可是,学得再快,也没有知识更新快和时代变化快,如此,那么适合生存的根本应变之道是什么呢?

应万变的本领是什么? 本领千千万万,简而言之,就是以不变应万变,即根本的生存方式乃学习,学习的生存方式乃简易地获取知识的能力。

学习能力可分为两种:一种是维持旧知识的学习能力;一种是创造新知识的学习能力。前者仅简单地继承过去自己已有的知识,而创造性学习最大的特点是面向未来,既能够根据自己的创造需要主动地进行学习,又能够同时进行知识的重组与创新。两种学习能力最本质、最根本的区别便是以继承性学习的积累知识为主要特征,为创新知识做准备,而学习知识、推动发展知识,还要依靠创新知识的能力!

物理学家杨振宁曾指出,中国教育方法是一步步地教、一步步地学,这种体制下走出来的小孩,可以深入地学许多东西,这对于他进大学、考试有帮助,但这种教法的主要缺陷是学生只宜于考试,不宜于做研究工作。因为研究工作所要求的方法与传统的学习方法完全不一样。传统的学习方法是别人指路自己走,而新的学习方法是自己开路自己走。

二、终身学习的学习概念九大转变

自提倡终身学习以来,"学习"这一概念的内涵和外延正在不断地丰富、扩大。现在,"学习"这一概念与传统意义上"学习"的概念已发生了根本性的转变。这种转变归纳起来有9个方面:

（一）在学习态度（认识）上,从过去被动的"要我学"逐步转变为"我要学"

过去学生将学习当成一种负担和包袱,为父母而学,为老师而学,为考试而学,学习是被动的。进入知识经济时代,人们对学习的态度和认识有了较大的提高,人们逐步认识到学习是为了生存和发展,是为了实现人生的价值、活出生命的意义。所以,学习已成为市场竞争取胜的一种途径,成为人们生活的重要组成部分和需要。学习应是主动的、自觉的、积极的。

(二)在学习时间上,从过去阶段性的学校学习转变为贯穿人一生的终身学习

传统意义上的学习是在学校里的学习,旨在升学、考试、晋升,在时间上具有阶段性。进入知识经济时代,人从生到死的整个过程都是学习的过程,学习是为了适应快速变化的社会。未来不可知,成为学习的强大动力;学习在时间上具有终身性。

(三)在学习内容上,从过去以科学技术的学习为主逐步转变为以人文科学的学习为主

过去由于物资匮乏,人们的学习内容是以制造物质的硬件(科学技术)为主。进入知识经济时代,物资从匮乏到相对过剩,人们的学习内容也有了新的变化,逐步转向了关于人本身的学问。其主要是了解人的体系、行为、思考,人与人之间的沟通、协作、相处及复杂而微妙的互动关系,是一种软科学(即人文科学)。这种人文科学是指个人和群体对于自我认识和自我反思最贴切、最直接的学问。以人性生产的产品和以人性需要的服务将受到欢迎。以人为本将成为一切发展的主旋律。

(四)在学习重点上,从过去以学为重点转变为以习为重点

过去的学习,侧重学知识、学科学、学技术、学文化,侧重于理念的获得与理解,即侧重于脑力活动,重点在学。进入知识经济时代,学习则侧重于知识的运用,侧重于人的素质的全面提高,侧重于演练,侧重于手的活动,侧重于能力的培养。因为任何能力的培养,都需要不断练习,重点在习,习比学更重要。

(五)在学习方法上,从过去以记背为主转变为以运用为主

学习方法大体上包括书中学、做中学、玩中学、游中学。过去注重书中学,注重书本知识的学习和理念的学习,考试内容是看学生识字数量,背书多少,多者分数就高,少者分数就低。学习者只能死记硬背,依样画葫芦。进入知识经济时代,强调的是知识的运用,实践的体验尤为重要,只有实践才能增长才干。

(六)在学习手段上,从过去以静态的、单一的为主转变为以动态的、多元的为主

过去的学习手段是书本、纸和笔,是静态的、单一的。进入知识经济时代,学习手段除书本、纸和笔外,使用更多的是电视、电脑、多媒体等动态的、多元的。

(七)在学习对象上,从以个人学习为主转变为以团队学习为主

过去学习好像是个人的事,与别人关系不大,学习以个人为主。进入知识经济时代,强调的是团队学习,如果个人智商很高,但团队整体的智商却不足,那么在快速变化的市场经济竞争中,这个团队可能会失败。高素质的团队在当下显得尤为重要。只有集思广益、配合默契的团队才能战胜对手,取得成功。

(八)在学习形式上,从单一的正规学习形式转变为多种学习形式

现在的学习形式基本有三种:正规学习、非正规学习、非正式学习。正规学习,主要是指在学校的学历教育。非正规学习,主要是指岗位学习、文件学习、听报告或讲座、项目学习等,这种以单项为主的学习,有的还可以取得相应的结业证书。非正式学习,主要是指做中学、玩中学、游中学,如故事沙龙、读书活动、聚会、跳舞、唱歌、打球、书法、绘画等的学习。过去主要是在学校的正规学习。进入知识经济时代,人们的学习已从学校阶段性的学习转变成终身学习。学习除了正规学习,更多的是非正规学习和非正式学习。非正规学习和非正式学习是一种爱好学习、兴趣学习。这种爱好学习、兴趣学习贴近人的个性,有利于个人潜能的自由发挥,培养出各种专门人才。

（九）在学习评估上,从以分数为主转变为以绩效为主

过去评估学生学习的优劣,只注重学生的分数,而忽视其能力和知识的应用。进入知识经济时代,评估学生的学习既要看分数,更要看效果。学习效果,主要是看学生对知识的综合运用、创新所产生的成果。小的如小改革、小发明、小创造,写出有一定质量的总结、报告、论文等;大的如科学发现、新的创造、重大革新,写出高质量的学术报告、学术论文等。如果考试分数占绩效的 40%,则创新成果应占绩效的 60%。

专题3·终身学习的途径

生命既是一个发现的过程,又是一个创造的过程。我们每个人不是在发现自己,而是在重新创造自己。所以,别急于发现自己是谁,而该急于决定想做谁。

一、将精力聚焦目标

利用时间的诸规律中有一个聚焦原则,它告诉人们要依据自己的最佳才能,选准成长目标,将我们现有的和潜在的需求、利益、愿望或是任务概括成明白的意图并且精准地表述出来,以及将行动对准这些目标使其实现,然后集中精力,保持目标始终如一。这样,精神世界的智慧光芒会在聚焦效应之下形成突破性的能量。

有一则寓言故事讲道:在同一座山上,有两块相同的石头,三年后却发生了截然不同的变化,一块石头受到很多人的敬仰和膜拜,而另一块石头却受到众人的唾骂。受人唾骂的石头极不平衡地说道:“老兄呀! 在三年前,我们同为一座山上的石头,今天产生这么大的差距,我的心里特别痛苦。”另一块石头答道:“老兄,你还记得吗,在三年前,来了一个雕刻家,你害怕割在身上的痛,你告诉他只要把你简单雕刻即可,而我那时想象未来的模样,不在乎割在身上的痛,所以有了今天的不同。”

两者的差别:一个是关注想要的;一个是关注惧怕的。过去的几年里,也许同是儿时的伙伴、同在一所学校念书、同在一个部队服役、同在一家单位工作,几年后,发现儿时的伙伴、同学、战友、同事都变了,有的人变成了“佛像”石头,而有的人变成了另外一块石头。

我们期望自己怎样生活在这个世界上,未来成为一个什么样的人,自己最想得到的是什么? 不管我们希望拥有财富、事业、快乐,还是期望别的什么,都要明确它的方向在哪里,我们为什么要得到它,我们将以何种态度和行动去得到它。

卡耐基说:“对我们来说,最重要的是不要去看远方模糊的事,而是去做身边清楚的事。”假设今天有人给我们一次机会,可以选择五个我们想要的事物,而且都能让我们梦想成真,那么第一个想要的是什么? 假如只能选择一个,我们会作何选择呢? 假如生命危在旦夕,我们人生最大的遗憾是什么? 假如给我们一次重生的机会,我们最想做的事情是什么? 如果知道最想要的,就把它马上明确下来,明确就是力量。它会根植在思想意识中、深深烙印在脑海中,让潜意识帮助我们获得所想要的一切。只有想不到,没有做不到。只要坚持不懈,就有可能获得成功。

在生活中,真正的高手会把集中精力作为一种明智的生活策略,所以,必须明确自己的目标,明确自己究竟想要什么,把时间聚焦在自己的目标和想要的东西上,目标是有效时间管理的关键,目标对如何支配自己的时间具有推动和引导的作用。

设定目标意味着展望未来,我们应集中并投入所有精力以达成既定的目标。目标是努力的结果。不在于我们做什么,而在于为了何种目标做什么。有了目标才有挑战,才可激发行动。若没有目标,每一个活动和工作结果既可以说是正确的,也可以说是错误的。缺乏一个评估的标准,就无从检验工作成绩。因此,目标就是检验工作成绩的尺度。如果没有目标,再好的工作方法也毫无价值。

要成就一件事情,只有以目标为导向,才能将事情做好,把握现在,专注今天,每分每秒都要好好把握。要做一个工作高手,取决于两个关键条件:一是工作表现,要有能力去完成工作,不能只强调是否努力。二是重视结果,凡事要以结果为导向,做出成果来。时间管理好,能让人更满足、更快乐,赚取更多的财富,实现更高的自我价值。

(一)一个人需要在三方面设定人生目标

①个人和家庭:这是他生活的诱因。

②职业生涯和财务目标:这是他的方法。

③个人发展和专业发展:这是他的成果。

(二)制订人生目标时还应注意以下三种情况

①人生目标并不一定要详细精确,但必须明确。一个猎人,当他面对树上的一群鸟时,如果说他能打下几只鸟的话,那么他肯定不是向这群鸟射击,几只鸟的收获一定是猎人瞄准特定目标的结果。所以,必须有较明确的方向,例如,立志做卓越的科学家、立志做大企业家或是立志做改变世界的政治家等等。

②目标必须是长期的。如果没有长期目标,一个人也许就会被短期的种种挫折所击倒。设定了长期目标后,起初不要试图去消除所有的阻碍。就像一个人早上离家不可能等路口所有的交通灯都是绿色时才出门,他是一个一个地通过红绿灯,他不但能走到自己目力所及的地方,而且当到达那里时,他经常能看到更远的地方。

③目标一定要远大。一旦一个人明确只走1千米路的目标,在还不到1千米时,便有可能感到累而松懈,因为反正快达到目标了。然而,如果其目标是要走10千米路,便会做好思想及其他一切必要的准备,并调动各方面的潜在力量,一鼓作气走完七八千米路后,才可能稍微松懈。

(三)一般人不愿为自己设定目标,通常有以下三个原因

①恐惧:怕万一达不到目标更令人沮丧。

②无此意愿:认为没有必要设定目标,每天过得好好的即可。

③误将行动当成就:每天忙来忙去,好像很有成就感,其实行动不等于成就,有好的结果才算有成就。

二、目标的分类

人们经常按时间的长短或目标的对象,将目标区分为几种类别。

（一）按时间的长短分类

按时间的长短来区分,目标可分为以下三类。

①短期目标。这是指时间长度为三个月到半年的目标。例如,减轻体重、参加专业训练课程。

②中期目标。这是指时间长度为半年到五年的目标。例如,攻读学位、开设公司。

③人生目标。这是指时间长度为五年以上的长期目标。

以上三类目标中,最重要的是人生目标,因为它将引导人一生的方向。其次是短期目标,因为我们对于三个月到半年的近期未来,比较容易做出接近事实的预测,也比较能掌握,从而促使我们会更加努力地去达成。

（二）按目标的对象分类

按目标的对象分类,目标大致可以分为以下八类。

①健康目标:每天按时运动、减轻体重、彻底治愈慢性病。

②家庭目标:配偶、子女、父母、亲戚。

③工作目标:升迁、业绩、考试(如高考、自考、成教考试、考研)、专业执照(如证券分析师、会计师)。

④财务目标:收入、储蓄、不动产投资、股票、住房、汽车。

⑤人际关系目标:同事、客户、朋友、同学、结交新朋友、化敌为友。

⑥学习成长目标:阅读、学习电脑软件(如 Windows 11、Excel)、学习时间管理、听演讲、去图书馆、参加专业训练课程。

⑦娱乐目标:体验新的娱乐方式、度假、国外旅游。

⑧公益目标:参加赈灾救护、献血。

对任何人来说,在以上目标中,都应以健康和家庭两个目标为先。健康和家庭是最基础的两个目标,只有这两个目标顺利达成,才能更好地完成其他目标。

三、设定个人的人生目标

在设定工作目标时,每个人必须先弄清楚自己的人生目标。

人生目标通常是指终生的事业目标。这并非意味着健康和家庭等目标不重要。健康的身体与幸福的家庭是人生的基石,人生目标必须建立在这两个基础之上。

（一）属于自己的人生目标

每个人的人生目标不尽相同,别人的人生目标对自己不一定适用,即使伟大人物的目标也不见得适合自己。并不是这些目标本身不值得追求,而是每个人对金钱、事业、社会地位、成就感的看法都不一样,别人的目标并不一定是自己真正需要的。

许多人不清楚自己真正的目标、专长及兴趣所在,往往会被周围人的观点、目标所迷惑,变得人云亦云,没有主见,结果制订出的目标不适合自己,导致事倍功半甚至一事无成,徒增沮丧。

人生的路是自己创造的,需要一步一步踏实地朝自己固有的方向前进,而不是流连于别人心中虚幻美丽的圣地或者顶峰。

所以,目标必须针对自己而定,只有这样的目标才值得追求,才最有可能达到,达到后才会有成就感。

(二)配合自己的专长和兴趣

在制订人生目标时,要问自己:"我最大的专长和兴趣是什么?"要充分利用自己的专长,并配合自己的兴趣,才能有所成就。

如果有人选了一个不适合自己的目标,就好像让一个科研工作者去卖茶叶蛋,"牛头"不对"马嘴",风马牛不相及。这又谈何成就?没有兴趣而强迫去做,就像"强扭的瓜不甜"。我们应该做的是发现自己的专长和兴趣,然后使其充分发挥。

例如,一位李姓博士,他的专长是"做事讲究方法,善于规划与整理,具有说服力,从本科到博士所学的都是工业工程与管理",此外,他对实务的应用比对理论的探讨有更浓厚的兴趣,所以他为自己定的人生目标是:"发展一套处理事情的有效方法,运用此方法可帮助个人或组织提高工作效率,进而节省时间。"

事实上,每个人都极具潜力,只要充分了解自己的专长和兴趣,制订适合自己的人生目标,就能尽情展现自己的能力和才华。

四、把握好目标的方向

制订好人生目标后,还必须决定通往人生目标的方向,这个方向就是所谓的中期目标。

我们可以用"方向"这个简单、易解的名词,来解释时间长度不甚明确的中期目标。方向好比指南针,工作得再快、再有效率,如果走错了方向,不但徒劳无功,而且浪费的时间无法弥补。全球畅销书《与成功有约》作者史蒂芬·柯维说:"我们辛辛苦苦一级一级爬上成功的阶梯,没想到爬到顶端才发现梯子摆错了方向。"这真是一语道破方向的重要性。

例如,王君20岁中专毕业,他开始服兵役时,就经常思考自己以后的发展方向。因为王君负责的是财务工作,所以每个月只有发工资的那段时间比较忙碌,其余的时间可自行支配。原先王君计划准备高考,以便退伍后有一份稳定的工作。有一天,当王君与其导师谈话时,导师说:"根据你的情况,直接出国读研究所应是最适合你的方向。"在仔细考虑了几个星期,并得到家人的支持后,王君决定将所购买的用以准备高考的书籍全部束之高阁,专心准备考托福,同时准备了工科研究所所需的 GRE 和商科的 GMAT 考试。在退伍前夕,王君三个考试都高分通过,并获得多家美国大学研究所的入学许可。

王君出国不到一年的时间,顺利取得硕士学位,回国后自行开办翻译社,同时开始申请美国学校的博士班。这时,王君中专的同班同学正好补习完,准备考技术学院的两年制大学部。如果顺利的话,他们需要花两年的时间读完大学;更顺利的话,还需要花两年的时间读研究所。因此,以时间来说,王君已经比他的同学快了四年。

这里想强调的是,王君不见得比他的同学聪明或是经济情况好,只是他所走的"方向"和他们不同而已。如果他们和王君走同样的路,大多数也会节省四年的时间。

回国一年后,王君顺利申请到美国博士班的全额奖学金,便再次赴美开始另一阶段的求学旅程。

五、逐个击破各项具体目标

一个人的成就最主要在于是否能根据自己的人生目标,制订正确、具体可行且适合自己的各项目标。事实上,一个人在半年后的成就是完全可以预知的,因为他只是达到他的目标。可是如果所制订的目标与人生目标并不相关,那么一生仍然不可能有所成就。耶鲁大学的目标设定有如下七个步骤:

①先拟出个人期望达到的目标。

②列出达到这个目标的好处:如自己有一个目标想买房子,列出买房子对自己有哪些好处。

③列出可能的障碍点:要达到该目标的障碍,可能是钱不够、能力不够等,一一列举。

④列出所需信息:思索需要哪些知识、协助、训练等。

⑤列出寻求支持的对象:一般而言,很难靠自己一个人的力量就能达到目标,所以应将你能寻求支持的对象一并列出。

⑥制订行动计划:一定要有一个可行的行动计划。

⑦确定达成目标的期限。

这样的目标设定十分科学、细致,能有效达到目标。

这里还需要再强调如下几点:

①是否曾经努力学习一套电脑软件,并参加了该软件的培训课程,结果发觉在工作上完全派不上用场?

②是否曾经认真阅读了好几本书,读完后才发觉这些书对自己没有什么帮助?

③是否曾经一时兴起,自己开过服装店、花店或餐厅,但是经营了几个月后,发觉自己并不喜欢这份工作,最后关门大吉?

④是否曾经努力赚钱买车,买了车后才发觉没地方停车,结果还是搭公车上班?

要节省时间,就要仔细思考目标是否正确、有意义,这样才不至于白白浪费时间与精力。

正确目标另一层面的含义是符合自己的人生目标。有些人很努力工作,所制订的目标也往往顺利达成,可是一生并没有什么成就,主要原因就是他们所制订的目标对人生目标的实现并没有太大或直接的帮助。因此,制订目标时要考虑该目标是否对自己人生目标的实现有贡献,如果答案是否定的,这个目标就不是自己的正确目标,也就不值得花时间去努力了。

(一)目标要具体、适度

像那种"争取在工作上跨上一个台阶"之类的空洞的目标是坚决不应提倡的。空洞、不具体的目标容易使人有松懈的借口,不利于目标的执行,对个人生活的改变不会产生什么影响。

目标也不是越具体越好。例如,"我想要在半年内升为副教授"或"今天下午我要完成演讲稿"。如果规定自己某时刻到另一时刻必须做完某件事,那么未免有些被动,为了定目标而定目标,结果往往由于现实生活中各种各样的干扰而达不到预期计划,产生心理上的障碍和不良情绪,影响下一个目标的完成。

因此,制订目标也是一门艺术,我们要做到具体、适度,这样才能调动自己的积极性,顺利完成目标。

例如,晓雯是地方报纸的专栏作家,专门报道事件内幕,收入很高。朋友都觉得她很幸运,然而她从来就没有感到成功。为什么?因为她非常重视人道主义,喜欢帮助别人,需要帮助别人。写这种专栏不但不能满足她帮助人的愿望,反而令她有"剥削"别人的感觉。也许别的人不会有这种感觉,然而晓雯有不好的感觉,她根本不喜欢写这种专栏。

成功不成功,其实标准很多,它完全是一种个人愿望。只有个人所完成的事情和自己的价值观相符,才会使人感到目标制订的正确性,同时获得成功的喜悦感。

(二)写下个人的目标

为了清楚自己各方面的目标,应该安排一个安静的环境,一个人独处,冷静思考自己的各项目标,然后将目标具体地写在随身携带的记事簿上。这样做可以让自己随时参考,并加以检查、修正。

虽然很多人也思考过他们的目标,但很可惜的是,绝大多数人并没有将他们的目标写下来,只是在脑海里反复思考。然而,想法稍纵即逝,隔日也许就不记得了,即使记住也可能不够完整。所以对于自己的目标如此重要的事,一定要写在记事簿上,才能不断加深对目标的印象,使目标进入自己的潜意识,促使自己更自觉地向目标迈进。

(三)经常思考、检查目标

高瞻远瞩的人必定经常思考与检查自己的目标。如果每天忙着处理一大堆琐事,而没有时间做这方面的思考,是不可能有所成就的。思考、检查自己的目标是极有必要的,也是极有效果的。

每天经常想到自己的目标,可以保持高昂的士气,并培养积极的心态。不必特别安排时间来做这件事情,可利用等人的空当,或者利用洗澡与睡前的时间进行思考。有的人喜欢每天早上重写一遍自己的目标,每天晚上审查这些目标,让内心感到每天都有成就和进步,同时可以在目标完成情况不尽如人意时鞭策、提醒自己。

(四)寻求良师益友的建议

对于个人目标的确定,良师的指点和益友的讨论,都是非常重要的。

诺贝尔经济学奖获得者保罗·萨缪尔森曾说:"我可以告诉你们怎样才能获得诺贝尔奖,诀窍之一就是要有名师指点。"据统计,美国的诺贝尔奖获得者,半数以上跟前辈诺贝尔奖获得者学习过。这些跟获奖者学习过的人,比没有这种经历的人的获奖时间大约提前了七年。当然,并不是高徒全部出自名师,但重视名师指点是节约时间、走向成功的重要途径。

良师或益友也许是亲人、老师、长辈或朋友,不论属于哪类,他们应是最了解自己或是许多方面都值得自己学习的人。由于他们阅历丰富,思考问题比较全面,因此可以给你提供一些相关资讯、客观的见解和比较合理的建议,这是自己制订正确人生目标的捷径。

当自己方向未明、犹豫或彷徨时,我们就应该将自己的目标告诉他们,寻求他们的帮助,多听取他们的意见,然后自己做最后的决定。

当要确定某个目标时,我们可以将想法和家人讨论,也可以向同事诉说。当这样做时,我们会感到有些压力,从而驱使自己努力达到目标。

另外,在表达的同时,我们会更清楚自己的想法和方向,并借此整理、修正目标,使目标更周全、更具可行性。当然,因为良师益友对我们有相当程度的了解,所以他们也经常会提供一些中肯、有建设性的意见。

(五)制订目标完成的期限或时间

没有期限或时间的目标,不会给人丝毫压力,这和不制订目标没有两样。因此,我们应制订目标完成的期限或时间。

例如,"我要学习 Word"要改为"我要在未来一个月内熟悉 Word,并用以处理日常文书工作","我要阅读管理方面的书籍"要改为"我这个月要读两本管理方面的书","我要自己开家顾问公司"要改为"我要在未来的三年内,自己开家顾问公司",定下完成期限不但使目标更具体,而且会产生适当的压力,鞭策自己去实践。

有些目标是长期性的,并没有完成期限,对于这类目标则应定下"时间"。例如,"我要陪太太、小孩一起散步"要改为"我要每天晚上和太太、小孩一起到附近的公园散步、聊天、嬉戏一小时"。只有可衡量的目标,才具有实际效力。

专题4·终身学习的方法

一、树立终身学习的目标

只有每个人养成终身学习的习惯,才能真正构建学习型社会,并发挥其功能。对于如何培养终身学习的习惯,有八项具体建议。

(一)个人应培养主动学习的意愿、态度和能力

教育常以外在的压力,要求学生学习升学所需的测验内容,相对忽略学生主动学习的动机与能力。结果,社会最畅销的书是教学辅导书,学生及成年人里有意接受再教育者,接触最多的不是他们喜爱的书或信息,而是学习用的参考书。因此,我们不仅需要摒弃功利性学习的危害,更要构建相应的环境来激发个体学习的心理需求,并促使其养成良好的习惯,培养主动学习的意愿、态度和能力,同时提供有效的平台使个体主动学习。

(二)个人应该熟悉多元的学习渠道

在目前知识爆炸的社会,各种出版物形形色色,不一而足。除了书刊、播音、电视、函授、参观、活动参与、计算机网络、光盘数据库等,都是大家学习的媒介与渠道。尤其是信息高速公路完成以后,校内、各校区、各区域及世界各地紧密连接而成的信息网络,将使信息的传输、流通与交换,成为较容易的事情。在这样的社会中,选择单一渠道学习的人,容易闭塞与孤寂;熟悉多元学习渠道的人,则容易性格开放与快乐。

(三)想要终身学习,就要把握各种学习机会

当第二次教育的需要形成,同时机会也存在时,千万不要犹豫,一定要迅速踏出第一步。当有名的演讲公告时,赶快空出时间准备听讲;需要学计算机时,千万不要嫌自己年龄太大而不学;遇到一次动人的音乐演奏会,千万不要省高昂的入场费;即使多年仍未完成进修,也千万不要丧失斗志。掌握每一次学习的机会,个人心灵富有将是生命力的源头活水。

(四)从事学历与文凭以外的学习

在大多数的观念中,学习与获取学历和文凭几乎被画了等号,进行获取学历与文凭以外

的学习,也就被认为是较次要的事情。在终身学习的生涯中,学历与文凭已逐渐失去其绝对价值,社会成员也会重新评估学历与文凭的真正功能。乐于从事学历与文凭以外的学习,是养成终身学习习惯的重要途径。

(五)养成良好的读"书"习惯

以前,一想到学习,就想到念书。一想到念书,就想到买书或借书,以至于家里全是书,皓首穷经,而成为学者。家里的书如果不够,需要到图书馆查阅很长时间,才能找到资料。终身学习时代的景象是:在很多大学中,教授与学生可以便捷地从宿舍或研究室查阅全部书目,可以利用电子邮件交换信息,可以和世界相同领域内熟悉或不熟悉的学者交流。个人进入自动化的图书馆,等于进入了一个世界性的信息站;进入设备良好的视听中心,也可以在不干扰别人的情况下学习或相互讨论。

养成良好的读书习惯,仍然是终身学习的重要一环,但是"书"仅是信息的一种,还有很多其他信息可供选择,取之不尽,用之不竭。在这种环境中,具备部分器材如计算机,并有充分运用的能力是必备的。事实上,在现代,书香社会已有新的意义。书香社会不仅可以通过传统古籍传扬芬芳,更可以经由现代科技提升人的生活境界与精神境界。

(六)个人不仅要有迅速获取信息的习惯,更要有汇整与判断信息的习惯

现代社会的最大特点是信息多,传输快,个人获取各种信息非常便捷。问题是各种信息全都成为思考与判断的素材,而不是放之四海而皆准的至理名言。现代信息与知识的"相对"价值,达到空前的地步。汇整与判断各类信息的能力,是现代人应该具备的重要能力。现代社会的现象是:尽信信息不如没有信息。汇整与判断后,赋予信息新的意义,发现与发明新事物,并形成部分睿智,才是人生最有意义的事情。我们都应该掌控信息,不应该被信息所迷惑,更不应该被信息所奴役!

(七)终身学习不仅是知识的学习

知识是可以终身学习最重要的一部分,但它不是全部。用最简易的话说,终身学习的内涵可以包罗万象。终身学习、终身运动、终身反省应该是人生三宝。将终身学习的习惯,用于终身运动,可以延年益寿。将终身学习的习惯,用于终身反省,可以减少个人的烦恼。大家都应该运用这人生三宝来挖掘自己的潜能,增强生命的活力。

(八)养成终身学习的习惯,促进学习动机与学习成就相互作用、相互回馈

终身学习的习惯,首先源自一种理念,以后在每一个阶段学有所成,更会加强这种理念,促成更多的学习成就。它成为一种坚定不移的行为形态时,就是个人快乐的时候,也是社会进步的契机。

哈佛商学院挑选学员的一个条件是学员要像一个斯巴达加战士那样勇敢无畏,勇于接受人生的挑战,在人生的洪流中奋勇搏击并取得成功。

二、形成自律的学习习惯

把人的心智想象成一座贮存人潜在力量的贮存库,一个人现在应学习从库中释放适当的力量,并将它导引到正确方向,这就是自律的本质。

一个人若能达到自律要求,在其他原则方面必然也会有所进步。自律要求自我认识并对自己的能力做出正确的评估。同样的,如果缺乏自律,其他原则也无法真正付诸行动。自

130

律是一条管道,而一个人为达到成功目标而表现出来的所有个人力量,都会流经这个管道。大多数人都是先行动再思考行动的后果,自律的要求则相反:人们需要"谋定而后动"。

这就要求我们学会控制自己的情绪。我们来认识十四种主要情绪。七种消极情绪为恐惧、仇恨、愤怒、贪婪、嫉妒、报复、迷信,七种积极情绪为爱、性、希望、信心、同情、乐观、忠诚。所有这些情绪都是一种心理状态,也是能掌控的对象。我们可以想象,如果不能控制消极情绪,会多么危险。同样地,如果不能有意识地控制积极情绪,它们也会造成破坏性的后果。

隐藏在这些情绪里的是具有爆炸威力的力量。如果人能适当地控制这股力量,它就可能使人获得成就;但如果任由它发展,它就可能把人推向失败的深渊。所以必须用个人判断力来控制自己的情绪,以期个人的热忱和欲望不致脱离自己的指挥,成为脱缰野马。换句话说,我们必须约束自己,以使自己前进的推动力永远受到控制且会被引导到正确的管道中。

自律要求以个人的理性平衡自己的情绪,也就是说在做决定之前,应学习兼顾自己的感情和理性。有时甚至应该排除所有情绪,而只接受理性的一面。

一个人必须控制并调节自己的情绪而非摧毁它,况且摧毁情绪是一件不可能的事情。情绪就像河流一样,我们可以筑一道堤坝把它挡起来,并在控制和引导之下排放它,但不能永远抑制它,否则堤坝迟早会崩溃。

人的消极心态同样也可被控制和调节,积极心态和自律可去除其中有害的部分,并使这些消极心态能为目标贡献力量。有时候恐惧和生气会激发出更彻底的行动,但是在一个人释放消极情绪(及积极情绪)之前务必让自己的理性为它们做一番检验,缺乏理性的情绪必然是一个人可怕的敌人。

如何使情绪和理性之间达到平衡,从而使人的头脑永远保持冷静?是意志力或自尊心。自律会教导人的意志力作为理性和情绪的后盾,并强化二者的表现强度。

在终身学习计划中,自律无疑是一个人目标达成的保障,而自律因其本质是与内心的斗争,故显得十分艰难,只有那些能战胜自己的惰性和消极情绪,将自律上升为自身能力的人,才有可能将终身学习进行到底。

三、学习中要自我反省

所谓反省就是反过身来省察自己,检讨自己的言行是否有改进的地方。

为什么要反省?因为学习是一个不断修正的过程,要让自己臻于完美,就要时时自我反省。由于年轻人缺乏社会阅历,常会有错误的言行,因此需通过反省、纠正这些错误言行,了解自己的所作所为。

反省的好处则在于可以修正自己的行为和方向,促使自己进步。

当然,不反省的人也不一定会失败。因为,一个人的成败和个人先天条件、后天训练和机会都有关系。很多伟人都有反省的习惯,因为只有反省,才不会迷失,才会少做错事。反省格外重要,一个人要想取得快速成长,就应该把反省当成每天的功课。

事实上,反省无处不在,不必拘泥于任何形式。一个人可在夜深人静时反省,也可在散步或自己独处时反省。总之,把要反省的时间安排在心境平静时,因为心境平静才能映现一个人今天所做的一切。

四、面对学习中的挫折

不要急于在学习中获得奖赏,不要苦于自己还没有显著提高知识水平。如果想有一个光明的明天,就应该在工作、学习中学会观察,不断磨炼,只有在这种考验中,能力才会提高,水平才能发挥。如果一个人已经对自己的学习计划有全面的了解,对它的运作有十足的把握,那么离成功也就不远了。一个人在还不成熟的时候,在他感到自己的知识还比较欠缺的时候,要努力积蓄自己的能量,等到机会来临时,就能让自己发出耀眼的光芒。

多年以前,荷兰的一个小镇来了一个只有初中文化叫列文虎克的年轻农民。他的工作主要是为镇政府守大门,他在那儿一干就是六十多年。在工作之余,他从来不打牌、不下棋。他只有一个爱好,就是磨镜片。为了钻研磨镜技术,他到处求师访友,向眼镜匠、炼金术师学习和请教。他常常磨镜片到深夜不肯罢手。因为这种磨镜片的爱好,所以他一下班就躲到屋里忙活,这自然就减少了与亲友交流的时间,被亲人误解,也常常被亲友说成是"不近人情的家伙"。对此,列文虎克置之不理,依然锲而不舍地钻研磨镜片技术。他磨出的复合镜片的放大倍数超过了专业技师,最终制成了当时无与伦比的精细显微镜,揭开了科技尚未知晓的微生物世界的"面纱",为此他被授予巴黎科学院院士的头衔。英国女王访问荷兰时,还专程到这个小镇拜会他,英国皇家学会也把他选为了会员。

列文虎克的成功在于他具有坚韧不拔的精神。许多人在事业上失败,不是因为没有确定目标,也不是因为难度太大了,而是因为他们缺乏坚强的意志和坚韧的品格。北宋文学家苏轼说过:"古之立大事者,不惟有超世之才,亦必有坚忍不拔之志。"这是一个必然的规则,古今中外,但凡有所成就的人都是如此。列文虎克打磨镜片,一干就是六十多年,其中的艰辛、枯燥和乏味不言自明,没有坚忍不拔的意志和锲而不舍的精神是难以坚持的。他走的是一条艰辛的荆棘路。打磨镜片在别人看来是很普通的工作,但正是从这种细小平凡的事情中才能看出一个人做事的态度。列文虎克有不同于其他人的想法,他想把手上的每一块镜片都磨好,所以他踏踏实实、一丝不苟地做着同样的事情。在他85岁那年,朋友们劝他安度余生,离开显微镜,他却说:"要成功做好一件事,必须耗费毕生的时间……"他活到90岁高龄,也没有离开显微镜。正是因为将坚忍不拔的品格作为护身法宝,列文虎克才走过了漫长岁月,用辛劳的汗水浇出了绚丽的成功之花。

从精英的角度分析,最重要的素质是顽强的忍耐力和极强的承受力。人生无坦途,在个人成长的道路上,挫折、打击、失败不可避免,没有顽强的忍耐各种恶劣环境和困难的能力,没有承受各种打击和挫折的能力,就难以取得成功。

从经济学的观点来看,哈佛大学的学生把挫折看成一种"投资"。既然是"投资",当然有可能是无效的,学费白交了;既然是"投资",只要尽心尽力利用好这笔"资金",就能学会很多东西,取得最大的投入产出效果,即"花钱买个明白"。

人心生来就是脆弱的,而挫折却有可能使之顽强起来。在学习中难免会遭受挫折、承受打击,只有具备顽强的忍耐力和极强的承受力,才能变得越来越顽强,形成钢铁般的意志。

意志力是一种心理品质。人的这种内在力量不是凭空产生的,童年的经历对意志力的形成影响很大,有些领袖人物的顽强意志力正是童年经历的结果。没有人能够回过头去重新选择童年经历,我们唯一能做的,就是从现在做起,使自己坚强起来。

五、做好学习的自我评价

自我评价是心理学中的一个术语,是指人对自身条件、素质、才能等各方面情况的一种判断。自我评价恰当与否,直接关系到个人的职业选择、事业成功。

自我评价一般有两种方法:一种是直接的自我评价;另一种是间接的自我评价。

1. 直接的自我评价

直接的自我评价首先是认识自己的自然条件,包括健康状况、心理状态、情感特点、兴趣倾向、知识水平、专业特长、智力情况、能力特点以及文字表达能力、动手操作能力、心理承受能力等各方面的情况。其次,是与自己在不同领域的实践中取得的不同成果相比较,以发现自己的长项,从而确定奋斗目标。美国华尔街股神沃伦·巴菲特原先是音乐家,也曾在大学学习音乐专业,但很快他就发现自己的长处不在这里,于是便毅然转到股票投资方面去了。

2. 间接的自我评价

间接的自我评价是指通过与他人行为的对照、情况的对比,发现自我认识的错误。"不识庐山真面目,只缘身在此山中",这是一些人不能对自己做出正确认识的原因之一。当局者迷,不妨用与他人比较的方法及将自己在不同领域中取得的不同成果相比较的方法进行鉴别。多数人在自我评价问题上具有两重性,一方面,喜欢幻想,把个人的境遇、发展、前途勾画得绚烂多彩;另一方面又常常低估自己的才智和工作能力,自我评价常常是过谦的,甚至是比较自卑的。"天生我材必有用""尺有所短,寸有所长",每个人都有自己的长处和短处。有的人可能不辨音律,却有着高超的组织才能;有的人也许不解数字之谜,却心灵手巧,长于工艺;有的人可能不好琴棋书画,但酷爱自然,精于园艺;有的人或许记不住许多外语单词,但有动人的歌喉,擅长文艺。诸如此类,不一而足。正确的自我评价是帮助我们确定正确奋斗方向的前提。在实践中、在与他人的比较中,我们要突破思维定式,使思维方法尽可能全面、辩证、灵活。

人的知识、才能通常是处于离散状态、朦胧状态的,需要人们不断地挖掘、探索、发现和开发。只有从个人的兴趣爱好、思维方式、毅力的恒久性、已有的知识结构、献身精神与果敢魄力等多方面进行全面的考察和测试,才能为做出科学的自我评价提供有益的帮助。

六、性格优化能力

性格改造或者说性格优化的目的,就是弥补性格缺陷,实现不良性格向优良性格的转化。要做到这种转化需要一个长期努力的过程,以及恰当的改造方法。

性格是一个人对现实的稳定态度和在习惯化了的行为方式中所表现出来的个性心理特征。诚实或虚伪、勇敢或怯懦、勤劳或懒惰、果断或优柔寡断等都被认为是性格特征。虽说"江山易改,本性难移",但并不是说性格不可以改变,只是改变需要一个长期的过程。

培养良好的性格,对自己的终身学习计划有重要意义。一个有自制力、主动、果断、坚毅性格的人,能够很好地安排自己的生活和工作,能够正视现实、克服困难,在事业上取得成就。相反,如果缺乏良好的性格品质,就会影响工作、学习和生活。那么,如何优化个人的性格呢?青年时期是塑造和优化性格的关键时期,可根据以下五个原则进行塑造和锻炼。

1. 循序渐进原则

莎士比亚说:"金字塔是用一块块石头堆砌而成的。"优良性格的形成需要一个长期渐进的过程,不良性格的克服也需要长期不懈的努力。性格是一种相当稳定的个性特征,这种稳定性特点决定了性格的形成和转化只能是一个缓慢的渐进过程。无论是克服不良性格,还是塑造优良性格,都必须坚持循序渐进原则。

2. 渐变转化原则

人的情绪是性格的特征指标之一,对性格的形成和转化具有诱导感染作用。比如,一个性格暴躁、个性很强的人,可以通过努力培养安定平静、从容不迫的情绪,使自己经常保持心平气和的心境,以促进暴躁性格的渐变转化。一个人如果能经常地消除烦恼、愤怒、急躁等不良情绪,对改变急躁易怒的不良性格肯定是有好处的。正面的情绪鼓励越经常、越持久,对良好性格的形成和培养也就越有利。

3. 以新代旧原则

一种不良性格形成后,要改变它,办法之一就是从改变习惯入手,用新习惯克服和改变原性格的弱点。比如,一个人向来好胜逞强,办任何事情都不甘示弱,因而经常使自己不安、精神紧张。为此,他就要放弃做一个"强人""超人"的愿望,终止以眼前胜败来衡量成绩的习惯,而培养从大处着眼、从长处看问题的习惯。

4. 积累性原则

一个人的性格,一般可以表现为临时性和稳定性两种不同状态。稳定性状态始终存在于个人的性格特征之中,而临时性状态仅存在于某一特定的环境和条件之下,一旦环境和条件发生变化,它便不复存在。比如勇敢:在有些人身上即表示为一种稳定性性格,不论什么情况,他都是勇敢的;而在有些人身上则仅为一种临时性状态,即他只是在某地某时某事上才表现出勇敢。当然,临时性状态是不稳定的,一旦环境和条件发生变化,它就会消失。但这并不是说,临时性状态和稳定性状态是互不相容、不能转化的。如果我们有意识地培养良好性格,把临时性状态转化为稳定性状态,那么,就能达到优化性格的目的。

5. 自我修养原则

性格优化的过程,从根本上讲,就是一个人自我修养水平不断提高和强化的过程,两者是相辅相成、密切相关的。为此,必须有坚强的意志,进行持久不懈的自我修养。

优化性格也是有一定方法可循的,其主要方法有以下八种。

①改正认知偏差。由于受不良环境的影响,或受存在不良性格人的教育和影响,人会产生错误的认知,如认为这个世界上坏人多、好人少,同人打交道要防人三分,疑心重,以小人之心度君子之腹等。这样的人一般心胸狭隘、嫉妒心强、疑心重、古怪、冷漠、缺乏责任感等。因此,要想改变这些,必须改变自己错误的认知,可多参加有意义的集体活动,去充分体验、感受生活,多看些进步的书籍和伟人、哲人的传记,看看他们的成功史和为人处世之道,这对自己性格的改变都会有所帮助。

②不要总用阴暗的眼光去看待别人。上过当或受过挫折的人,对人总存在一种防备心理,对人总是往坏处想,这种人疑心重、心胸狭隘,办事优柔寡断。社会上既然有好事,就必然有不如意的事;既然有好人,就有一些害群之马,但好人还是多数。因此,我们要正确地看待别人,看待我们共同生活的社会。

③试着去帮助别人,从中体验乐趣。不良性格的人,往往以自我为中心,他们对人冷漠,

一般不愿人际交往,生活在自我的小天地里。要想改变这样的性格,我们平常可以主动去帮助别人,因为人人都需要关怀,自己去帮助别人,同样,别人也会主动来帮助自己。同时,在这种帮助中,自身的价值得以体现,心情改善了,对人的看法和态度也会随之改变,从而有利于个人性格的改善。

④有意识地进行自我锻炼、自我改造。人是一个自我调节的系统,一切客观的环境因素都要通过主观的自我调节起作用,每个人都在不同的程度上以不同的速度和方式塑造着自我,包括塑造自己的性格。随着一个人的认识能力的发展和相对成熟,以及一个人独立性和自主性的发展,其性格的发展也从被动的外部控制逐渐向自我控制转化。如果每个人都意识到这一变化,促进这一变化,自觉地确立性格锻炼的目标,从而进行自我锻炼,就能使人对现实的态度、意志、情绪、理智等性格特征不断完善。

⑤培养健康的情绪,保持乐观的心境。一个人偶尔心情不好,不至于影响性格,若长期心情不好,对性格就有影响了。如长年累月爱生气,为一点小事而激动的人,就容易形成暴躁、易怒、神经过敏、冲动、沮丧等特征,这是一种异常情绪化的性格。因此,我们要乐观地生活,要胸怀开朗,始终保持愉快的生活体验。当遇到挫折和失败时,我们要从好的方面想,"塞翁失马,焉知非福"? 想得开,烦恼自然就会消失。有时,心里实在苦恼,可以找一个崇拜的长者或知心朋友交谈或去看心理医生,不要让苦闷积压在心,否则,容易导致性格的畸形发展。

⑥乐于交际,与人和谐相处。兴趣广、爱交际的人会学到许多知识,训练出多种才能,有益于性格的形成和发展。但是,与品德不良的人交往,也会沾染不良的习气。因此,我们要正确识别与评价周围的人和事,不要与坏人混在一起,更不要加入不健康的小团体中。人与人之间要互敬、互爱、互谅、互让,善意地评价人,热情地帮助人,克己奉公,助人为乐,努力搞好人与人之间的关系,长此以往,性格就能得到和谐发展。

⑦提高文化水平,加强道德修养,改造不良性格。有的人已经形成了某种不良性格特征,如懒惰、孤僻、自卑、胆小等,要下决心进行"改型"。人的性格虽有一定的稳定性,但它又是可变的,只要自己下决心改,是能产生明显效果的,懒汉可以成为勤奋者,悲观失望的人也可以成为生机勃勃的人。改造不良性格的方法:一是提高文化水平;二是加强道德修养。因为人的性格的形成是受人的文化水平和道德水平影响的。有文化、有道德的人,就有理智感,就能以正确的态度去对待现实生活,就有助于形成良好的性格特征。

⑧取人之长,补己之短。"人海茫茫,风格各异""金无足赤,人无完人"。每个人的性格特征中都有好的因素,也有不良的因素。要善于正确地自我评估,辩证地对待自己的优缺点,好的使之进一步巩固,不足的努力改正,取人长,补己短,有则改之,无则加勉。久而久之,就能使不良性格特征得以消除,良好性格特征得以培养和发展。

附　　录

附录 1　高职生职业生涯规划表

院系：　　　　姓名：　　　　性别：　　　　专业：　　　　班级：

自我认知

附表 1-1　自我性格特征分析表

	性格特征关键词	列举能说明此项特征的具体事例
我的性格特征		

附表 1-2　自我优势性格特征分析表

	优势性格特征关键词	列举能说明此项特征的具体事例
我的优势性格特征（与应聘职位要求相符合的性格特征）		

附表 1-3　自我劣势性格特征分析表

	劣势性格特征关键词	弥补措施
我的劣势性格特征（与应聘职位要求不符合的性格特征）		

附表 1-4　自我工作、生活经历分析表

	时间、地点、内容	积累了什么经验	培养了什么能力	取得了哪些成绩
我的工作或生活经历				

附表 1-5　自我专业知识、技能、专长分析表

	关键词	达到的水平或取得的成绩
我具备的专业知识、技能、专长等		

附表 1-6　与目标职位联系紧密的个人优势

		关键词	能说明此项优势的具体事例	能对目标公司做出何种贡献
我的优势	优势一：			
	优势二：			
	优势三：			

以下列出了人们在选择工作时通常会考虑的九种因素（见所附工作价值标准）。现在请你在其中选出最重要和最不重要的两项因素，并将其填入下面相应的位置。

最重要：_____次重要：_____最不重要：_____次不重要：_____

附：工作价值标准

1. 工资高、福利好
2. 工作环境（物质方面）舒适
3. 人际关系良好
4. 工作稳定，有保障
5. 能提供较好的受教育机会
6. 有较高的社会地位
7. 工作不太紧张、外部压力小
8. 能充分发挥自己的能力、特长
9. 社会需要与社会贡献大

附录2 大学期间职业生涯规划实施方案

1. 我所了解的职场

a. 我熟知的几个行业或最感兴趣的几个行业

b. 初入职场的平均月薪资（按行业分类）

2. 我的就业区域

3. 我的月薪资要求

4. 个人就业形势的 SWOT 分析

附表 2-1　个人就业形势的 SWOT 分析

		优势因素（S）		劣势因素（W）
内部	1 2 3		1 2 3	
		外部机会因素（O）		威胁因素（T）
外部	1 2 3		1 2 3	

5. 我的目标公司分析

附表 2-2　我的目标公司分析

所要了解的项目	内　容	为什么要收集这些信息
目标公司名称、历史		
所属行业与所在地区		1. 让你更清楚自己是否适合这个公司
规模		2. 在回答"为什么选择我们公司"之类的问题时更有针对性
性质		3. 按照公司的文化特点准备面试
发展速度		
行业排名和影响力		
公司文化		
主导产品或服务		更好地准备你向面试官提出的问题
公司客户		
竞争对手		
与竞争对手相比,该公司有什么独特的地方(产品、服务、文化、竞争优势等)		1. 让你更加清楚是否应该选择这个公司
该公司吸引我的地方		2. 对于回答"为什么选择我们公司"更有针对性
如果我加入该公司,五年后我能得到何种发展		

6. 我的目标职位分析

附表 2-3　我的目标职位分析

所要了解的项目	内容	为什么要收集这些信息
职位名称		明确求职目标
备选职位		
该职位的工作任务和强度		更清楚自己是否适合和胜任这份工作
该职位所需学历		1. 更清楚自己是否适合和胜任这份工作
该职位所需工作经历		2. 挖掘自己的经历,"投其所需"
该职位所需素质和知识		3. 预测面试官所要提问考察的内容,分析面试官所问问题背后的真正意图,有针对性地做好准备
该职位在所在地区的薪水标准		1. 让你更加清楚是否应该选择这个部门或职位
该职位和其他职位的主要差别		2. 在回答"为什么选择我们部门"之类的问题时更有针对性,尤其是面试跨国五百强外企时十分有必要
该职位吸引我的地方有哪些		
如果我获得该职位,五年后我能得到何种发展		
我从哪里能得到更多关于该职位的信息		

7. 针对求职目标需弥补的内容

我的生涯规划

姓名	性别	年龄	班级	学号

职业类型(在选定种类的题号上打钩,可选两个或两个以上)

1. 管理　　2. 技术　　3. 营销　　4. 操作　　5. 辅助

如果选择职业类型更加具体,请进一步说明:

人生目标

1. 职业目标
2. 岗位目标
3. 技术等级目标
4. 收入目标
5. 社会影响目标
6. 重大成果目标
7. 其他目标

人生目标通道:

(1)(图示)

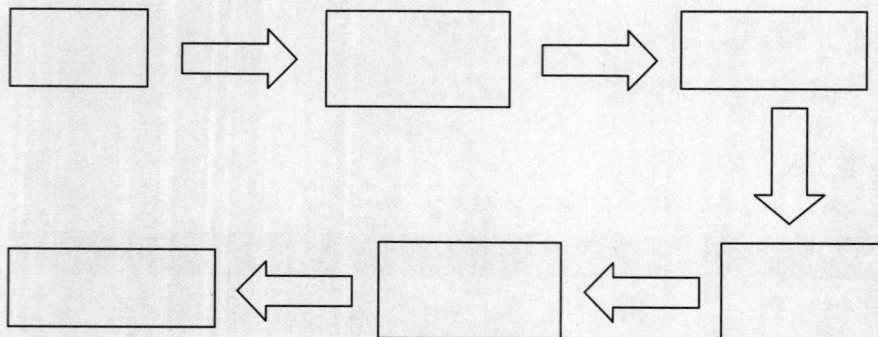

(2)简要文字说明

长期目标（十年以上）

1. 职业目标
2. 岗位目标
3. 技术等级目标
4. 收入目标
5. 重大成果目标
6. 其他目标

长期目标通道：

（1）图示（较详细）

```
┌──────┐      ┌──────┐      ┌──────┐
│      │ ⇒   │      │ ⇒   │      │
└──────┘      └──────┘      └──────┘
                                 ⇓
┌──────┐      ┌──────┐      ┌──────┐
│      │ ⇐   │      │ ⇐   │      │
└──────┘      └──────┘      └──────┘
```

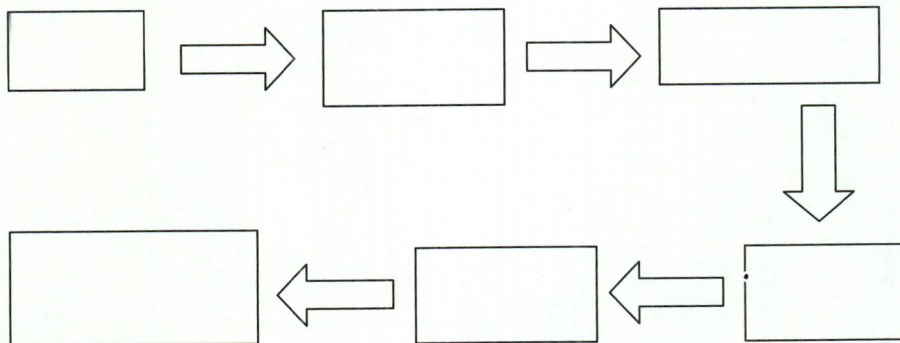

（2）简要文字说明

实现目标需要进行的准备与积累：

中期目标（五年以上）

1. 岗位目标
2. 技术等级目标
3. 收入目标
4. 其他目标

中期目标通道：
（1）图示（较详细）

（2）简要文字说明

实现目标需要进行的准备与积累：

短期目标(五年以下)

1. 岗位目标
2. 技术等级目标
3. 收入目标
4. 其他目标

短期目标通道:
(1)图示(较详细)

(2)简要文字说明

短期计划细节:
(1)短期内要完成的主要任务、时间

(2)有利条件

(3)可能发生的意外与应急措施

附录3　大学期间职业生涯规划评估修正表

自我评估与总结		
测评(或岗位胜任力评估)	知识	
	技能	
	其他	
规划落实情况		
成就		
经验与教训		
资源支持需求		
同事评价与建议		
同学、朋友评价与建议 (企业根据需要安排)		
部门领导评价与建议		
规划目标修正		
行动方案修正		

填表人：　　　　　　　　　　　　　　学院：

附录4　人力资源和社会保障事业发展"十四五"规划

**人力资源社会保障部关于印发人力资源和
社会保障事业发展"十四五"规划的通知**

（人社部发〔2021〕47号）

各省、自治区、直辖市及新疆生产建设兵团人力资源社会保障厅（局）：

为贯彻落实党的十九届五中全会和十三届全国人大四次会议精神，依据《中共中央关于制定国民经济和社会发展第十四个五年规划和二〇三五年远景目标的建议》和《中华人民共和国国民经济和社会发展第十四个五年规划和2035年远景目标纲要》，我部组织制定了《人力资源和社会保障事业发展"十四五"规划》。现印发给你们，请结合实际认真贯彻实施。

人力资源社会保障部

2021年6月29日

人力资源和社会保障事业发展"十四五"规划

人力资源和社会保障事业发展"十四五"规划,根据《中共中央关于制定国民经济和社会发展第十四个五年规划和二〇三五年远景目标的建议》和《中华人民共和国国民经济和社会发展第十四个五年规划和2035年远景目标纲要》编制,主要阐明"十四五"时期推进人力资源和社会保障事业高质量发展的总体思路,明确主要发展目标、重大政策举措和重点工作任务,是未来五年人力资源和社会保障事业发展的重要指导文件。

近日,人力资源和社会保障部印发《人力资源和社会保障事业发展"十四五"规划》(以下简称《规划》),提出"十四五"时期实现更加充分更高质量就业,多层次社会保障体系更加健全,技术技能人才队伍素质不断提升,工资收入分配制度更加完善,中国特色劳动关系更加和谐稳定,人力资源和社会保障公共服务体系更加完善。

《规划》强调要高举中国特色社会主义伟大旗帜,深入贯彻党的十九大和十九届二中、三中、四中、五中全会精神,坚持以马克思列宁主义、毛泽东思想、邓小平理论、"三个代表"重要思想、科学发展观、习近平新时代中国特色社会主义思想为指导,立足新发展阶段,坚定不移贯彻创新、协调、绿色、开放、共享的新发展理念,促进构建以国内大循环为主体、国内国际双循环相互促进的新发展格局,坚持稳中求进工作总基调,以推动人力资源和社会保障事业高质量发展为主题,以深化人力资源和社会保障政策改革创新为主线,以满足人民日益增长的美好生活需要为根本目的,勠力同心,担当作为,为全面建设社会主义现代化国家贡献积极力量。

《规划》部署六个方面的主要任务,细化30条具体措施。

一是推动实现更加充分更高质量就业。强化就业优先政策,健全就业创业公共服务体系,完善重点群体就业支持体系,促进创业带动就业、多渠道灵活就业,全面提升劳动者就业创业能力,建设高标准人力资源市场体系。

二是健全多层次社会保障体系。全面实施全民参保计划,完善社会保障制度体系,健全社会保险待遇调整机制,加强社会保险基金监管,提升社会保险经办管理服务。

三是激发人才创新活力。加强专业技术人才队伍建设,加强技能人才队伍建设,持续推进事业单位人事制度改革,促进人才顺畅有序流动,加强表彰奖励工作。

四是深化企事业工资收入分配制度改革。深化企业工资决定机制改革,加强企业工资收入分配宏观调控和指导,深化国有企业工资分配制度改革,改革完善事业单位工资制度,促进扩大中等收入群体。

五是构建和谐劳动关系。健全劳动关系协调机制,完善劳动人事争议调解仲裁体制机制,提升劳动保障监察执法效能,加强农民工服务保障工作。

六是提高基本公共服务能力和质量。推进基本公共服务均等化,推进基本公共服务标准化,推进基本公共服务信息化,加强人力资源和社会保障系统行风建设,巩固拓展脱贫攻坚成果、推进乡村振兴。

《规划》强调要强化规划实施保障措施。

一是坚持依法行政。制定并实施《人力资源和社会保障法治建设实施方案(2021—2025

年)》。健全人力资源和社会保障法律制度体系,研究制定就业创业、社会保障、人才人事、劳动关系等方面的部门规章。深化行政审批制度改革,持续推进简政放权、放管结合、优化服务。加强依法行政制度建设,健全依法决策机制,提升行政规范性文件合法性审核工作质量,完善公职律师、法律顾问制度和行政复议、行政应诉工作制度。制定并实施人力资源和社会保障"八五"普法规划。

二是强化财力保障。加强中期财政规划与事业发展规划实施的衔接协调。积极争取有关部门加大对人力资源和社会保障事业的资金支持力度,加大就业创业和社会保障专项资金投入,支持重大项目实施,保障公共服务机构建设和正常运转。加大对欠发达地区开展基本公共服务的财政转移支付力度。推进预算绩效管理提质增效。盘活财政存量资金,提高财政资金使用效率。

三是加强监测评估。健全监测评估机制,加强对规划实施情况的动态监测、中期评估和总结评估,强化统计监测和评估分析,发挥统计监督作用和规划实施的预警预判作用。加强"数字人社"建设。推进人力资源和社会保障统计现代化。将规划实施情况纳入政府综合考核体系,作为考核各级政府解决民生问题的重要依据。

四是强化规划实施。加强规划实施的统筹协调和宏观指导,制定规划目标任务分解落实方案。加强年度计划编制实施,将规划确定的主要指标分解纳入年度计划指标体系,合理设置年度目标,并做好年度间综合平衡。加强国际交流合作。各地人力资源社会保障部门依据本规划,结合实际,制定实施本地区人力资源和社会保障事业发展规划,形成全国人力资源和社会保障规划体系。

(来自中国发展网)

参考文献

[1] 卢翠珍.高职生职业规划探讨[J].成功(教育),2009(2):8-9.

[2] 吴清华.关于高职生职业规划能力的培养[J].职教论坛,2011(26):67-69.

[3] 席瑶.酒店管理专业高职生职业规划[J].人才资源开发,2015(6):177-177.

[4] 孙丹凤.高职生职业规划课程体系探析[J].新西部(下半月),2010(4):201,209.

[5] 胡丹鸢,周云.高职生职业规划指导内容探析[J].科技资讯,2007,5(34):115-117.

[6] 戴昕,陈立弘.财务管理类高职生职业规划[J].新教育时代电子杂志(教师版),2016
    (11):153,155.

[7] 张晓婷.高职生职业规划心理状况调查研究[J].当代职业教育,2016(11):83-89.

[8] 阿依加马力·买买提.高职生职业规划教育现状及其对策分析[J].商品与质量,2016
    (21):365-366.

[9] 高茹,马柳燕.高职生职业规划教育与心理健康教育的结合[J].教育教学论坛,2012
    (13):250-251,37.

[10] 殷凡,牛丽.高职生职业规划现状与改善对策[J].中国电力教育,2013(32):212-213.

[11] 杨海霞.高职生职业规划应避开四个误区[J].科学与财富,2015(4):15.

[12] 刘丽芳,于勤.信息化环境下高职生职业规划能力提升研究[J].科教导刊,2020(27):
    177-178.

[13] 刘峰.新一轮"脑体倒挂"下的高职生职业规划策略[J].漳州职业技术学院学报,2008,
    10(3):35-37.

[14] 王玲,孙永林.高职生职业规划与高职院校职业规划教育的新模式探讨[J].神州(中旬
    刊),2013(4):136.

[15] 潘小莉.不良心理对高职生职业规划的影响[J].甘肃教育,2011(23):20.

[16] 于美琦.高职机械类学生职业生涯规划教育的实施路径[J].造纸装备及材料,2022,51
    (1):250-252.

[17] 季研洲,王洋,雍楚婷.高职院校职业生涯规划教育体系的构建[J].创新创业理论研究
    与实践,2022,5(10):144-146.

[18] 王莉.高职院校职业生涯规划教育实施策略探析[J].江苏经贸职业技术学院学报,
    2022(3):83-85,89.

[19] 周敏.职业生涯规划教育对高职生就业创业的影响研究[J].科技资讯,2022,20(15):

188-190.

[20] 丘宁."双高计划"建设背景下高职院校青年教师职业生涯规划探析[J].教师,2022
(9):93-95.

[21] 王志明,周懋怡.高职院校退伍学生职业生涯规划探析[J].常州信息职业技术学院学
报,2022,21(3):64-66.

[22] 孙硕.高职院校学生职业生涯规划现状与对策分析[J].产业与科技论坛,2022,21(1):
226-227.

[23] 陈勇.中高职一体化背景下职业生涯规划教育体系构建的意义、困境与路径[J].职业
教育(下旬),2022,21(2):46-50.

[24] 王娜.基于课程思政的高职生职业生涯规划课程改革路径探索[J].才智,2022(22):
51-54.

[25] 胡云.高职院校学生职业生涯规划课程获得感现状调查[J].文教资料,2022(8):
146-149.

[26] 陈红梅.基于职业生涯规划的高职生就业能力培养的研究与实践[J].知识经济,2022,
598(4):172-174.

[27] 黄清站,韩洪亮.高职院校学生职业生涯规划与就业指导研究[J].湖北开放职业学院
学报,2021,34(15):36-37.

[28] 王海玮,王盈.高职学生职业生涯规划与就业:现状、问题与对策[J].广东交通职业技
术学院学报,2021,20(3):119-124.

[29] 徐思思.高职生职业生涯规划的意义及实施[J].大众标准化,2021(21):128-129,132.

[30] 石晓岩.创新创业环境下高职学生职业生涯规划教育有效性探究[J].文存阅刊,2021
(1):11.

[31] 谭雅茹.高职学生职业规划指导中创业指导研究[J].投资与创业,2021,32(8):34-36.

[32] 武慧芳.高职院校物流管理专业学生的职业生涯规划研究[J].文存阅刊,2021
(1):107.

[33] 吕娟.高职院校学生职业规划及就业现状调查研究[J].长江工程职业技术学院学报,
2021,38(1):54-58.

[34] 宋艳清.职业生涯规划在高职生就业指导工作中的价值研究[J].科学咨询(科技管
理),2021(1):156.

[35] 梁景.高职院校学生职业生涯规划方式探究[J].江西电力职业技术学院学报,2021,34
(9):148-149.

[36] 廖康平,付从荣.利益相关者视角下高职院校职业生涯规划教育的实践路径研究[J].
河北职业教育,2021,5(2):5-11.

[37] 于美琦.新时代背景下高职院校学生职业生涯规划的构建策略与实施途径分析[J].吉
林广播电视大学学报,2021(1):80-83.

[38] 王慧鹏.标准化职业生涯规划教育对高职学生就创业的影响研究[J].中国标准化,
2021(18):115-117.

［39］曹三月,徐晓琳,高瑞臣.高职职业生涯规划课程思政创新探索［J］.北京工业职业技术学院学报,2021,20(1):108-110.

［40］曹群.高职院校学生职业生涯规划构建策略研究［J］.产业与科技论坛,2021,20(1):276-277.

［41］杨萌,姚文俊.双创环境下高职学生自我管理和职业规划能力的问题与对策［J］.山西青年,2021(9):163-164.

［42］宋艳清.讨论如何帮助高职生设计职业生涯规划［J］.科学咨询(教育科研),2021(2):68.

［43］高鹏.高职院校班主任开展职业生涯规划指导教育研究［J］.才智,2021(1):158-159.

［44］朱向丽.扩招背景下高职院校辅导员加强学生职业规划工作方法的思考［J］.中国宽带,2021(8):163-164.

［45］丁林林.高职院校班主任对学生开展职业生涯规划教育的分析［J］.黑龙江科学,2021,12(21):124-125.

［46］李霞.职业规划背景下高职毕业生就业准备教学研究［J］.科教导刊,2021(10):161-164.

［47］陆文腾.高职院校大学生职业生涯规划教育策略探析［J］.财讯,2021(1):167-168.

［48］李卫国."三全育人"理念下高职院校职业生涯规划教学改革分析［J］.佳木斯职业学院学报,2021,37(5):149-150.

［49］钟兴泉,罗玉琳."双创"视域下高职护理专业学生无边界职业生涯规划研究［J］.科技创业月刊,2021,34(5):124-126.